RÉPERTOIRE MÉTHODIQUE

DE

LA LÉGISLATION DES CHEMINS DE FER.

MINISTÈRE
DE L'AGRICULTURE, DU COMMERCE ET DES TRAVAUX PUBLICS.

RÉPERTOIRE MÉTHODIQUE

DE

LA LÉGISLATION DES CHEMINS DE FER,

INDIQUANT

LES DISPOSITIONS LÉGISLATIVES ET RÉGLEMENTAIRES

INSÉRÉES AU BULLETIN DES LOIS.

PARIS.

IMPRIMERIE IMPÉRIALE.

1862.

TABLE DES MATIÈRES.

———

NOTE PRÉLIMINAIRE.

Le code des chemins de fer, c'est-à-dire, l'ensemble des lois, ordonnances, décrets et arrêtés relatifs à ces voies de communication, ne comprenait encore en 1842, au moment du classement de nos grandes lignes ferrées, qu'une centaine de dispositions législatives ou réglementaires. Au commencement de l'année 1852, le nombre de ces dispositions s'élevait à trois cents; aujourd'hui, dans les premiers mois de 1862, leur nombre total monte à plus de sept cents.

Les actes de cette nature et leurs annexes, dispersés dans la collection du *Bulletin des lois*, ne pourraient y être retrouvés qu'avec peine, si les recherches n'étaient facilitées par un répertoire méthodique spécial. Déjà, dans ce but, l'Administration avait dressé, il y a plusieurs années, un relevé général par ordre de date et par compagnie.

Ce premier travail est actuellement fort incomplet, par suite des dispositions nouvelles survenues depuis lors, et l'Administration a cru le moment venu de mettre sous presse un nouveau répertoire comprenant les additions les plus récentes.

Le présent recueil est divisé en deux sections:

La première comprend, dans une même suite chronologique, les questions générales, applicables à l'ensemble des chemins de fer.

La seconde est consacrée à chacune des compagnies de chemins de fer; des chapitres particuliers sont attribués aux entreprises récemment décrétées d'utilité publique.

D'après le plan adopté, les actes concernant les anciennes entreprises fusionnées sont placés à leur date sous le titre de la compagnie à laquelle ces entreprises ont été réunies. Cette disposition permet de suivre le développement successif des grands réseaux.

Enfin le répertoire est suivi d'une table générale très-succincte et par ordre chronologique.

Nota. Les actes législatifs ou réglementaires sont mentionnés ci-après avec les initiales L., O, D, A, selon qu'il s'agit d'une loi, d'une ordonnance, d'un décret ou d'un arrêté; puis on trouve la date et le sommaire du dispositif avec ses annexes (convention, cahier des charges, etc.). Enfin, pour chacun des actes, le renvoi au *Bulletin des lois* est donné par l'indication du volume, au moyen du semestre et de l'année (l'abréviation *suppl.* représentant la partie supplémentaire), et par l'indication des numéros de série, de bulletin et de page. Des pages blanches, laissées à la fin des chapitres, sont destinées à recevoir les additions que l'on jugerait à propos d'y inscrire.

RÉPERTOIRE MÉTHODIQUE

DE

LA LÉGISLATION DES CHEMINS DE FER.

PREMIÈRE SECTION.

DISPOSITIONS GÉNÉRALES.

L. 27 juin 1833 [1]... Crédits ouverts pour divers travaux publics. Allocation et crédit pour études de chemins de fer. — Lois, sér. 9, *Bull.* 106, p. 265.

> Chambre des députés. Présentation : *Mon.* du 30 avril; rapport par M. Bérigny; *Mon.* du 25 mai; discussion et adoption : *Mon.* des 31 mai, 1er, 4, 5, 6 et 7 juin.
>
> Chambre des pairs. Présentation : *Mon.* du 11 juin; rapport par M. de Barante; *Mon.* du 26 juin; discussion et adoption : *Mon.* du 28 juin.

L. 7 juillet 1833 ... Sur l'expropriation. ... Exécution en vertu d'une loi des travaux publics et chemins de fer de plus de 20 kilomètres. —Lois, sér. 9, *Bull.* 107, p. 305.

> Chambre des pairs. Présentation : *Mon.* du 30 avril 1832; rapport par M. Devaines; *Mon.* du 3 mai; discussion et adoption : *Mon.* des 4, 5, 7, 8, 9, 10, 12, 14 et 15 mai.
>
> Chambre des députés. Présentation : *Mon.* du 22 mai; rapport par M. Martin (du Nord); *Mon.* du 30 mai; discussion et adoption : *Mon.* des 7 et 8 juin.

---

[1] L. 21 avril 1832 ... ... Budget... art. 10. Concernant l'exécution, aux frais de l'État, des grands travaux d'utilité publique. Lois, sér. 9, *Bull.* 76, p. 205.

Retour à la chambre des pairs : *Mon.* du 16 juin ; rapport par M. Devaines ; discussion et adoption : *Mon.* du 21 juin.

Chambre des députés. Présentation : *Mon.* du 13 décembre ; rapport par M. Martin (du Nord) : *Mon.* du 27 janvier 1833 ; discussion et adoption : *Mon.* des 3, 5, 6, 7, 8, 9 et 10 février.

Chambre des pairs. Présentation : *Mon.* du 10 mars ; rapport par M. Devaines : *Mon.* du 21 mars.

O. 24 août 1837..... Première nomination (sur le chemin de fer de Saint-Germain) de commissaires spéciaux de police pour la surveillance des chemins de fer. — 2ᵉ sem. 1837, sér. 9, *Bull.* 530, p. 468.

O. 31 mai 1838..... Règlement général sur la comptabilité publique... Titre Iᵉʳ, comptabilité législative... Chapitre III, § 6, services à autoriser par des lois spéciales... Les chemins de fer ne peuvent être exécutés qu'en vertu d'une loi après enquête ; une ordonnance suffit pour les chemins de fer de moins de 20 kilomètres. — 1ᵉʳ sem. 1838, sér. 9, *Bull.* 579, p. 829.

L. 2 juillet 1838 ¹... Portant que l'impôt du au Trésor sur le prix des places sera perçu, pour les chemins de fer, sur la partie du tarif correspondante au prix du transport. — 2ᵉ sem. 1838, sér. 9, *Bull.* 584, p. 17.

Chambre des députés. Présentation : *Mon.* du 25 avril ; rapport par M. Garnier-Pagès : *Mon.* du 19 mai ; discussion et adoption : *Mon.* des 29 et 30 mai.

Chambre des pairs. Présentation : *Mon.* du 9 juin ; rapport par M. Gautier : *Mon.* du 21 juin ; discussion et adoption : *Mon.* du 28 juin.

O. 23 décembre 1838. Concernant le service des ponts et chaussées ; attributions du Conseil général des ponts et chaussées ; formation de quatre sections, dont une chargée de tout ce qui est relatif aux chemins de fer. — 1ᵉʳ sem. 1839, sér. 9, *Bull.* 620, p. 8.

L. 9 août 1839..... Autorise l'administration à statuer sur les modifications aux cahiers des charges, notamment aux tarifs, sur l'instance des compagnies. — 2ᵉ sem. 1839, sér. 9, *Bull.* 670, p. 211.

Chambre des députés. Présentation : *Mon.* du 11 juillet ; rapport par M. Billault : *Mon.* du 17 juillet ; discussion et adoption : *Mon.* du 23 juillet.

Chambre des pairs. Présentation : *Mon.* du 27 juillet ; rapport par M. le comte Daru : *Mon.* du 2 août ; discussion et adoption : *Mon.* du 3 août

---

¹ L. 26 mars 1817..... Impôt du dixième sur le prix des places des voitures publiques. — 1ᵉʳ sem. 1817, sér. 7, *Bull.* 145, p. 246.

L. 15 juillet 1840...   Portant que les ordonnances ou règlements détermineront le mode
                         d'exploitation et les tarifs pour les lignes de l'État, et les dispositions
                         douanières ou de police pour tous les chemins de fer en général. —
                         2ᵉ sem. 1840, sér. 9, *Bull.* 753, p. 241.

> Chambre des députés. Présentation : *Mon.* du 8 avril; rapport par M. de Beaumont: *Mon.* du 4 juin; discussion et adoption : *Mon.* des 11, 12, 13, 14, 16 et 17 juin.
>
> Chambre des pairs. Présentation : *Mon.* du 24 juin; rapport par M. le baron Dupin : *Mon.* du 4 juillet; discussion et adoption : *Mon.* du 5 juillet.

O. 31 janvier 1841..   Texte du Code de commerce... T. IV, des Commissionnaires. Trans-
                         ports par terre et par eau, etc.—1ᵉʳ semestre 1841, sér. 9, *Bull.* 788,
                         p. 197.

L. 3 mai 1841 ....   Relative à l'expropriation pour cause d'utilité publique. Mesures préli-
                         minaires et administratives. Suites de l'expropriation quant aux hypo-
                         thèques, etc. Règlement des indemnités. Payement. — 1ᵉʳ sem. 1841,
                         sér. 9, *Bull.* 808, p. 601.

> Chambre des pairs. Présentation : *Mon.* des 20 et 22 février 1840; rapport par M. le comte Daru : *Mon.* du 11 avril; discussion et adoption : *Mon.* des 5, 6, 7, 8, 9, 10, 12 et 13 mai.
>
> Chambre des députés. Présentation : *Mon.* du 21 mai; rapport par M. Dufaure : *Mon.* du 10 janvier.
>
> Reprise à la chambre des députés : *Mon.* du 5 janvier 1841; discussion et adoption : *Mon.* des 2, 3, 4, 5, 6 et 10 mars.

EXPROPRIATION POUR CAUSE D'UTILITÉ PUBLIQUE.

L. 16 septembre 1807...   Règlement des indemnités (dessèchement des marais). — 2ᵉ sem. 1807, sér. 4, *Bull.* 162, p. 126.

L. 8 mars 1810...........   Relative à l'expropriation. — 1ᵉʳ sem. 1810, sér. 4, *Bull.* 273, p. 197.

D. 18 août 1810...........   Sur l'expropriation pour cause d'utilité publique.— 2ᵉ sem. 1810, sér. 4, *Bull.* 305, p. 155.

D. 3 septembre 1811......   Sur l'expropriation pour cause d'utilité publique.— 2ᵉ sem. 1811, sér. 4, *Bull.* 390, p. 255.

O. 28 février 1831.......   Enquêtes pour travaux publics. — 1ᵉʳ sem. 1831, sér. 9, 2ᵉ partie, 1ʳᵉ section, *Bull.* 50, p. 209.

L. 7 juillet 1833.......   Sur l'expropriation pour cause d'utilité publique. Lois, série 9, *Bull.* 107, p. 305.

O. 18 septembre 1833...   Frais et dépens de la procédure d'expropriation. — 2ᵉ sem. 1833, sér. 9, 2ᵉ partie, 1ʳᵉ section, *Bull.* 252, p. 285.

O. 18 février 1834......   Enquêtes pour travaux publics. — 1ᵉʳ sem. 1834, sér. 9, 2ᵉ partie, 1ʳᵉ section, *Bull.* 286, p. 113.

O. 15 février 1835......   Modifiant l'ordonnance précédente. — 1ᵉʳ sem. 1835, sér. 9, 2ᵉ partie, 1ʳᵉ section, *Bull.* 252, p. 62.

O. 31 mars 1835.......   Rétrocession des terrains non utilisés. — 1ᵉʳ sem. 1835, sér. 9, 2ᵉ partie, 1ʳᵉ section, *Bull.* 357, p. 136.

Reprise à la chambre des pairs : *Mon.* du 27 mars; rapport par M. le comte Daru : *Mon.* du 20 avril; discussion et adoption : *Mon.* des 23, 24 et 25 avril.

L. 23 mars 1842 . . . Sur la police de la grande voirie. — 1er sem. 1842, sér. 9, *Bull.* 892, p. 198.

Chambre des députés. Présentation : *Mon. suppl.* du 24 février; rapport par M. Guilhem : *Mon. suppl.* du 13 mars; discussion et adoption : *Mon.* du 15 mars.

L. 11 juin 1842 . . . Décide l'établissement de grandes lignes de chemins de fer :

1° De Paris sur : la frontière belge; l'Angleterre, par les ports de la Manche; la frontière d'Espagne; l'Océan, par Nantes; le centre de la France ;

2° De la Méditerranée sur le Rhin; de l'Océan sur la Méditerranée :

Classement desdites lignes.

Mode d'exécution [1]. Conditions diverses. Allocations et crédits ouverts. — 1er sem. 1842, sér. 9, *Bull.* 914, p. 481.

Chambre des députés. Présentation : *Mon.* du 8 février; rapport par M. Dufaure : *Mon.* des 17 et 19 avril; discussion et adoption : *Mon.* des 27, 28, 29 et 30 avril, 3, 4, 5, 6, 7, 8, 10, 11, 12 et 13 mai.

Chambre des pairs. Présentation : *Mon.* du 14 mai; rapport par M. le comte de Gasparin : *Mon.* du 27 mai; discussion et adoption : *Mon.* des 31 mai, 1, 2, 3 et 4 juin.

O. 22 juin 1842 . . . Le territoire est divisé, en ce qui regarde le service des chemins de fer, en cinq inspections. Dispositions réglementaires. — 2e sem. 1842, sér. 9, *Bull.* 933, p. 96.

O. 22 juin 1842 . . . Commission nommée pour l'examen des tracés des grandes lignes de chemins de fer. — 2e sem. 1842, sér. 9, *Bull.* 933, p. 98.

O. 22 juin 1842 . . . Prescrivant la formation d'une commission administrative pour la révision et le contrôle des documents statistiques sur les chemins de fer. Dispositions diverses. — 2e sem. 1842, sér. 9, *Bull.* 933, p. 99.

O. 22 mai 1843 [2] . . . Machines à vapeur non établies à bord des bateaux. Fabrication et commerce. Établissement de machines fixes, ailleurs que dans les mines. Emploi des machines locomobiles et locomotives. Surveillance admi-

---

[1] L. 5 floréal an XI . . . . . Impôt foncier sur les canaux de navigation (voir les cahiers des charges des chemins de fer,
(25 avril 1803.)   lesquels sont imposés comme les canaux). — 1er sem. 1803, sér. 3, *Bull.* 275, p. 22.

[2] O. 22 juillet 1839 . . . . . . Épreuves des chaudières tubulaires. — 2e sem. 1839, sér. 9, *Bull.* 575, p. 322.

nistrative des machines et chaudières à vapeur. Dispositions générales. Tables des épaisseurs des parois. — 2ᵉ sem. 1843, sér. 9, *Bull.* 1032, p. 369.

O. 15 juin 1844... Rectifie les ordonnances précédentes relativement aux soupapes à vapeur. — 2ᵉ sem. 1844, sér. 9, *Bull.* 1115, p. 91.

O. 14 décembre 1844. Portant organisation de l'Administration centrale des travaux publics. — 2ᵉ sem. 1844, sér. 9, *Bull.* 1159, p. 1045.

L. 15 juillet 1845... Relative au chemin de fer du Nord. Conditions des adjudications et de la formation des sociétés, etc. — 2ᵉ sem. 1845, sér. 9, *Bull.* 1221, p. 116.

   Chambre des députés. Présentation : *Mon.* du 22 février; rapport par M. Muret de Bord; *Mon.* du 11 mai; discussion et adoption; *Mon.* des 14, 15, 16, 17, 20, 21, 22 et 23 mai.

   Chambre des pairs. Présentation : *Mon.* du 31 mai; rapport par M. Rouillé de Fontaine; *Mon.* du 20 juin; adoption : *Mon.* du 25 juin.

L. 15 juillet 1845... Sur la police des chemins de fer. Mesures relatives à la conservation des lignes; aux contraventions des concessionnaires; à la sûreté de la circulation. — 2ᵉ sem. 1845, sér. 9, *Bull.* 1221, p. 109.

   Chambre des pairs. Présentation : *Mon.* du 2 février 1844; rapport par M. Persil; *Mon.* du 23 mars; discussion et adoption : *Mon.* des 31 mars, 2, 3, 4, 9, 10, 11 et 12 avril.

   Chambre des députés. Présentation : *Mon.* du 3 mai; rapport par M. le vicomte de Chasseloup-Laubat : *Mon.* du 25 juin.

   Reprise à la chambre des députés : *Mon.* du 10 janvier 1845; discussion et adoption : *Mon.* des 1ᵉʳ, 2 et 4 février.

   Retour à la chambre des pairs : *Mon.* du 15 février; rapport par M. Persil : *Mon.* du 18 mars; discussion : *Mon.* des 17 et 18 avril.

   Retour à la chambre des députés : *Mon.* du 4 mai; rapport par M. le vicomte de Chasseloup-Laubat : *Mon.* du 27 mai; discussion et adoption : *Mon.* des 28 et 29 mai.

   Deuxième retour à la chambre des pairs : *Mon.* du 31 mai; rapport par M. Persil : *Mon.* du 24 juin; discussion et adoption : *Mon.* des 26 juin, 3 et 5 juillet.

L. 19 juillet 1845... Abrogeant la disposition de la loi du 11 juin 1842, aux termes de laquelle les départements et les communes supportaient les deux tiers des indemnités de terrains pour la construction des chemins de fer. — 2ᵉ sem. 1845, sér. 9, *Bull.* 1224, p. 299.

   Chambre des députés. Présentation : *Mon.* du 26 juin; rapport par M. Vuitry : *Mon.* du 26 juin; adoption : *Mon.* du 3 juillet.

Chambre des pairs. Présentation : *Mon.* du 5 juillet; rapport par M. Cordier :
Mon. du 15 juillet; adoption : *Mon.* du 19 juillet.

O. 1ᵉʳ août 1845.... Crédit extraordinaire pour la continuation des études de chemins de
fer. — 2ᵉ sem. 1845, sér. 9, *Bull.* 1232, p. 491.

O. 21 août 1845.... Crédit supplémentaire pour l'exploitation des chemins de fer exécutés
par l'État. — 2ᵉ sem. 1845, sér. 9, *Bull.* 1239, p. 577.

O. 14 octobre 1845. Crédit extraordinaire pour la continuation des études de chemins de
fer. — 2ᵉ sem. 1845, sér. 9, *Bull.* 1251, p. 868.

O. 15 novembre 1846. Règlement sur la police, la sûreté et l'exploitation des chemins de fer.
Des stations et de la voie. Du matériel roulant. De la composition des
convois. De leur départ, circulation et arrivée. Perception des taxes.
Surveillance de l'exploitation. Mesures relatives aux voyageurs et divers.
Dispositions diverses. — 2ᵉ sem. 1846, sér. 9, *Bull.* 1340, p. 901.

Rapport au roi : *Mon.* du 18 novembre.

O. 19 mars 1847... Prorogation du délai fixé par l'ordonnance précédente pour la régularisation des taxes perçues sur les chemins de fer dont les concessions
sont antérieures à 1835. — 1ᵉʳ sem. 1847, sér. 9, *Bull.* 1369, p. 278.

O. 6 avril 1847.... Création d'une commission générale des chemins de fer.

Mon. du 16 avril 1847.

L. 6 juin 1847..... Conditions de la restitution, par dixième, des cautionnements des compagnies de chemins de fer. — 1ᵉʳ sem. 1847, sér. 9, *Bull.* 1389,
p. 538.

Chambre des députés. Présentation : *Mon.* du 24 février; rapport par
M. Lenoble : *Mon.* du 24 mars; discussion et adoption : *Mon.* du 13 avril.
Chambre des pairs. Présentation : *Mon.* du 30 avril; rapport par M. le comte
Daru : *Mon.* du 2 juin; adoption : *Mon.* du 4 juin.

O. 26 juillet 1847... Prorogation nouvelle du délai fixé par l'ordonnance du 15 novembre
1846 pour la régularisation des taxes perçues sur les chemins de fer
concédés antérieurement à 1835. — 2ᵉ sem. 1847, sér. 9, *Bull.* 1408,
p. 446.

L. 8 août 1847..... Sur les crédits extraordinaires et supplémentaires des exercices 1846 et
1847 et des exercices clos, notamment pour les travaux régis par la
loi du 11 juin 1842. — 2ᵉ sem. 1847, sér. 9, *Bull.* 1408, p. 417.

Chambre des députés. Présentation : *Mon.* du 13 janvier; rapport par

M. Allard : *Mon.* du 25 avril; discussion et adoption : *Mon.* des 30 avril, 1er,
4, 5, 6, 7, 8 et 11 mai.

Chambre des pairs. Présentation : *Mon.* du 3 juin; rapport par M. Wustemberg : *Mon.* du 26 juillet; discussion et adoption : *Mon.* des 27 et 28 juillet.

A. 27 février 1848.. Proclamation pour la protection des chemins de fer. — 1er sem. 1848,
2e partie, sér. 10, *Bull.* 2, p. 19.

A. 29 juillet 1848 .. Portant institution d'une commission centrale des chemins de fer.

Mon. du 14 septembre 1848

A. 31 décembre 1848. Pour l'exécution du règlement de service international par chemin de
fer entre la France, la Belgique et la Prusse, dans ses rapports avec
la douane. — 1er sem. 1849, sér. 10, *Bull.* 117, p. 52.

A. 20 janvier 1849.. Relatif à la commission centrale des chemins de fer.

Mon. du 23 janvier 1849.

A. 6 mai 1849 ..... Ouvre un crédit pour l'exécution de travaux publics et frais de police
de chemins de fer. — 1er sem. 1849, sér. 10, *Bull.* 164, p. 519.

D. 26 mai 1849 .... Règlement intérieur du Conseil d'État : Sont portés à l'Assemblée générale les projets de décret qui ont pour objet l'exécution des chemins
de fer d'embranchement et de tous autres travaux qui peuvent être
autorisés par le pouvoir exécutif. — 1er sem. 1849, sér. 10, *Bull.* 165.
p. 528.

L. 27 février 1850 [1]. Relative aux commissaires et sous-commissaires préposés à la surveillance des chemins de fer; leurs attributions. — 1er sem. 1850, sér. 10,
Bull. 240, p. 141.

Assemblée nationale. Présentation : *Mon.* du 30 octobre 1849; rapport par
M. Salmon : *Mon.* du 27 novembre; première lecture : *Mon.* du 28 novembre;
2e lecture : *Mon.* du 6 décembre; 3e lecture et adoption : *Mon.* du 28 février 1850.

L. 5 juin 1850...... Établissement d'un impôt pour timbre des actions et obligations. —
1er sem. 1850, sér. 10, *Bull.* 273, p. 651.

Assemblée nationale. Présentation : *Mon.* du 4 octobre 1849; rapport par
M. Émile Leroux : *Mon.* du 16 février 1850; discussion et adoption : *Mon.* des
19, 20, 22, 23 mars, 4, 5 et 6 juin.

---

[1] Arrêté du chef du pouvoir exécutif du 29 juillet 1848, portant institution de ces fonctionnaires.

sont ordonnés ou autorisés par décret de l'Empereur. — 1er sem. 1853, sér. 11. *Bull.* 5, p. 57.

D. 25 janvier 1853.. Règlement pour le transit international des marchandises par le chemin de fer entre la France, la Belgique et les Pays-Bas, en ce qui concerne les formalités de douane. — 1er sem. 1853, sér. 11, *Bull.* 15, p. 183.

L. 10 juin 1853 .... Dispositions générales relatives à l'interdiction, dans certains cas, de la négociation des actions de chemins de fer. — 1er sem. 1853, sér. 11, *Bull.* 59, p. 1129.

  Corps législatif. Présentation : *Mon.* des 6 et 7 mai; rapport par M. de Voize : *Mon.* du 21, suppl. M; discussion et adoption : *Mon.* du 27 mai.

D. 16 août 1853 ... Rapport et décret impérial sur la délimitation de la zone frontière, l'organisation et les attributions de la commission mixte des travaux publics. — 2e semestre 1853, sér. 11, *Bull.* 97, p. 645.

D. 2 septembre 1853. Relatif au transport des céréales. Autorise les compagnies qui auront abaissé leurs tarifs spéciaux à les relever sans attendre les délais réglementaires. — 2e sem. 1853, sér. 11, *Bull.* 88, p. 425.

D. 14 novembre 1853. Création de la direction générale des chemins de fer, et modification de l'administration centrale des travaux publics. — *Mon.* du 15 novembre.

D. 22 novembre 1853. Droits à percevoir à l'entrée des houilles et fers étrangers (rails). — 2e sem. 1853, sér. 11, *Bull.* 106, p. 958.

D. 3 décembre 1853. Prorogation des conditions relatives au transport des céréales par chemins de fer. — 2e semestre 1853, série 11, *Bull.* 114, p. 1082.

D. 17 juin 1854 .... Concernant les inspecteurs généraux et la composition du conseil général des ponts et chaussées. — 2e sem. 1854, série 11, *Bull.* 195, p. 2.

D. 17 juin 1854... Création des inspecteurs généraux des chemins de fer formant une section permanente du comité consultatif des chemins de fer. — 2e sem. 1854, sér. 11, *Bull.* 195, p. 4.

D. 22 février 1855.. Création d'un service spécial de police pour la surveillance des chemins de fer. — 2e sem. 1855, sér. 11, *Bull.* 345, p. 701.

D. 28 mars 1855 ... Création d'un commissariat central de police des chemins de fer. — 2e sem. 1855, sér. 11, *Bull.* 345, p. 703.

D. 2 juin 1855..... Prorogation des délais relatifs au transport des céréales. — 1er sem. 1855, sér. 11, *Bull.* 300, p. 1158.

D. 23 juin 1855.... Crédit représentant les sommes versées pour concourir à l'exécution de travaux publics et chemins de fer. — 1er sem. 1855, sér. 11, *Bull.* 307, p. 1332.

D. 12 juillet 1855... Nomination d'un directeur général des ponts et chaussées et des chemins de fer. — *Mon.* du 16 juillet.

L. 14 juillet 1855... Relative à divers impôts. Perception du dixième sur les produits de la grande vitesse des chemins de fer. — 2e sem. 1855, sér. 11, *Bull.* 310, p. 25.

> Corps législatif, Présentation : *Mon.* du 4 juillet; rapport par M. du Miral; discussion et adoption : *Mon.* du 14.

D. 29 août 1855.... Fixation du droit d'entrée sur les machines, etc. et sur les locomotives et tenders. — 2e sem. 1855, sér. 11, *Bull.* 323, p. 301.

D. 8 septembre 1855. Prorogation des délais relatifs au transport des céréales. — 2e sem. 1855, sér. 11, *Bull.* 325, p. 362.

D. 13 octobre 1855. Virement de crédits... Grandes lignes de chemins de fer. — 2e sem. 1855, sér. 11, *Bull.* 334, p. 439.

D. 19 octobre 1855. Crédit représentant les sommes versées pour concourir aux travaux publics et chemins de fer. — 2e sem. 1855, sér. 11, *Bull.* 344, p. 694.

D. 27 février 1856.. Autorisation provisoire et conditionnelle d'importer à droit réduit des rails étrangers, à défaut de rails de fabrication indigène. — 1er sem. 1856, sér. 11, *Bull.* 367, p. 287.

L. 3 mai 1856...... Report de crédits... Grandes lignes de chemins de fer. — 1er sem. 1856, sér. 11, *Bull.* 386, p. 607.

> Corps législatif. Présentation : *Mon.* du 27 mars, suppl.; rapport par M. Devinck; *Mon.* du 31 mars, suppl.; adoption : *Mon.* du 5 avril.

L. 21 juillet 1856.. Concernant les contraventions aux règlements sur les appareils à vapeur. — 2e sem. 1856, sér. 11, *Bull.* 415, p. 305.

> Corps législatif. Présentation : *Mon.* du 30 juin, suppl. M; rapport par M. Schneider : *Mon.* du 30 juin, suppl. M; adoption : *Mon.* du 16 juin.

L. 26 juillet 1856... Loi sur les douanes... Droits à l'importation sur les fers, rails, etc. Franchise pour les coussinets et essieux de fabrication corse. — 2ᵉ sem. 1856, sér. 11, *Bull.* 417, p. 375.

Corps législatif. Présentation : *Mon.* du 31 mars, suppl.; rapport par M. Randoing : *Mon.* du 15 avril, suppl.; discussion et adoption : *Mon.* des 17 et 18 avril. Présentation d'un premier projet : *Mon.* 1854, p. 590; modification : *Mon.* 1855, p. 837; rapport : *Mon.* du 31 décembre 1855, suppl.

D. 8 septembre 1856. Prorogation des délais relatifs au transport des céréales. — 2ᵉ sem. 1856, sér. 11, *Bull.* 426, p. 542.

D. 27 décembre 1856. Crédit pour contrôle et surveillance des chemins de fer. — 2ᵉ sem. 1856, sér. 11. *Bull.* 458, p. 1435.

D. 19 mars 1857 [1]... Reconstitution et prorogation du sous-comptoir des chemins de fer. Texte des nouveaux statuts. — 1ᵉʳ sem. 1857, suppl. sér. 11, *Bull.* 368, p. 417.

L. 18 avril 1857.... Loi sur les douanes... Droits à l'importation sur les fers, machines locomotives, etc. — 1ᵉʳ sem. 1857, sér. 11, *Bull.* 488, p. 657.

Corps législatif. Présentation : *Mon.* du 30 juin 1856, suppl. K; rapport par M. Randoing : suppl. Q; discussion et adoption : *Mon.* du 5 mars.

L. 30 mai 1857.... Autorisant les sociétés légalement constituées en Belgique à exercer leurs droits en France. — 1ᵉʳ sem. 1857, sér. 11. *Bull.* 503, p. 919.

Corps législatif. Présentation : *Mon.* p. 389; rapport par M. Bertrand : annexe G; discussion et adoption, p. 518.

L. 23 juin 1857.... Budget... Fixation d'un droit de transmission sur les titres d'actions et d'obligations (art. 6 et suivants). Conversion de la dette de l'État envers les compagnies de chemins de fer en annuités de 50 ans au plus (art. 21). — 1ᵉʳ sem. 1857, sér. 11, *Bull.* 514, p. 1289.

Corps législatif. Présentation : *Mon.* du 23 mars; rapport par M. Alfred Leroux : annexes I et J; discussion : *Mon.* des 20 mai et suivants.

D. 12 juillet 1857... Règlement pour l'application de l'impôt sur les titres d'actions et d'obligations. — 2ᵉ sem. 1857, sér. 11, *Bull.* 522, p. 335.

---

[1] D. 17 juillet 1850...... Statuts du sous-comptoir des chemins de fer. — 2ᵉ sem. 1850, suppl. sér. 10, *Bull.* 133, p. 17.

D. 18 février 1852...... Garantie accordée par l'État au sous-comptoir des chemins de fer. — 1ᵉʳ sem. 1852, sér. 10, *Bull.* 498, p. 567.

D. 10 septembre 1852.. Modification aux statuts du sous-comptoir des chemins de fer. — 2ᵉ sem. 1852, suppl. sér. 10, *Bull.* 270, p. 381.

D. 19 décembre 1859.   Règlement relatif à l'extension des limites de Paris. Dispositions concernant les gares de chemins de fer. — 2ᵉ sem. 1859, sér. 11, *Bull.* 752, p. 1148.

D. 31 décembre 1859.   Crédit représentant les sommes versées pour concourir aux travaux publics et chemins de fer. — 1ᵉʳ sem. 1860, sér. 11, *Bull.* 768, p. 105.

D. 10 mars 1860...   Traité de commerce avec l'Angleterre. Régime des houilles, fers, machines, etc., à l'importation et à l'exportation. — 1ᵉʳ sem. 1860, sér. 11, *Bull.* 778, p. 221.

D. 25 juillet 1860...   Établissement d'un service de touage en Seine, avec interdiction de tout traité ou cession à une compagnie de chemin de fer. — 2ᵉ sem. 1860, sér. 11, *Bull.* 848, p. 771.

D. 31 août 1860....   Crédit représentant les sommes versées au Trésor pour concourir aux travaux publics et chemins de fer. — 2ᵉ sem. 1860, sér. 11, *Bull.* 858, p. 867.

D. 31 août 1860....   Dépenses d'ordre (grandes lignes de chemins de fer). — 2ᵉ sem. 1860, sér. 11, *Bull.* 858, p. 871.

D. 8 septembre 1860.   Autorisant les sociétés légalement constituées en Sardaigne à exercer leurs droits en France. — 2ᵉ sem. 1860, série 11, *Bull.* 852, p. 830.

D. 26 octobre 1860.   Tarif à l'importation des marchandises d'origine britannique : fers, rails, etc.; locomotives, tenders, etc. — 2ᵉ sem. 1860, série 11, *Bull.* 863, p. 929.

D. 26 octobre 1860.   Mise en vigueur du tarif précédent. — 2ᵉ sem. 1860, sér. 11, *Bull.* 866, p. 963.

D. 19 janvier 1861..   Crédit représentant les sommes versées au Trésor pour concourir aux travaux publics et chemins de fer. — 1ᵉʳ sem. 1861, série 11, *Bull.* 907, p. 256.

DD. 27 février 1861.   Autorisant les sociétés légalement constituées, soit dans le Portugal, soit dans le Luxembourg, à exercer leurs droits en France. — 1ᵉʳ sem. 1861, sér. 11, *Bull.* 911, p. 320 et 321.

D. 11 mai 1861.....   Autorisant les sociétés légalement constituées en Suisse à exercer leurs droits en France. — 1ᵉʳ sem. 1861, sér. 11, *Bull.* 928, p. 570.

D. 27 mai 1861....   Traité de commerce avec la Belgique. Régime des houilles, fers, machines, etc., à l'importation et à l'exportation. — 1er sem. 1861, sér. 11, *Bull.* 933, p. 637.

D. 25 août 1861....   Crédit représentant les sommes versées pour concourir à l'exécution des travaux publics et chemins de fer.—2e sem. 1861, sér. 11, *Bull.* 965, p. 479.

D. 21 décembre 1861.   Crédit représentant les sommes versées au Trésor public pour concourir aux travaux publics et chemins de fer. — 1er sem. 1862, sér. 11, *Bull.* 994, p. 22.

D. 11 janvier 1862..   Extension aux actions des sociétés étrangères de l'impôt sur les valeurs mobilières.

D. 1er février 1862..   Report d'un crédit relatif à l'exécution de plusieurs chemins de fer. — 1er sem. 1862, sér. 11, *Bull.* 1,008, p. 362.

D. 5 février 1862...   Autorisant les sociétés constituées dans les États romains à exercer leurs droits en France. — 1er sem. 1862, série 11, *Bull.* 999, p. 133.

D. 15 février 1862.   Report d'un crédit représentant les sommes versées au Trésor pour concourir aux travaux de chemins de fer. — 1er sem. 1862, sér. 11 *Bull.* 1,008, p. 366.

D. 26 avril 1862....   Règlement pour le transport par chemin de fer des marchandises de transit ou d'exportation. — 1er sem. 1862, sér. 11, *Bull.* 1021, p. 664.

D. 17 mai 1862....   Convention conclue avec l'Angleterre pour régler la situation des compagnies industrielles devant les tribunaux respectifs. — 1er sem. 1862, sér. 11, *Bull.* 1023, p. 697.

D. 31 mai 1862....   Titre II. Comptabilité législative. Art. 39 et 40 : les travaux publics et chemins de fer sont autorisés par décret de l'Empereur. — 2e sem. 1862, sér. 11, *Bull.* 1045, p. 397.

D. 2 juillet 1862...   Crédit représentant les sommes versées au Trésor pour concourir aux travaux publics et chemins de fer. — 2e sem. 1862, sér. 11, *Bull.* 1044, p. 386.

D. 6 juillet 1862...   Création d'un second commissariat central de police des chemins de fer. — 2e sem. 1862, sér. 11, *Bull.* 1043, p. 383.

D. 1er septemb. 1862.   Surveillance des chemins de fer; commissaires divisionnaires de police. — 2e sem. 1862, sér. 11, *Bull.* 1053, p. 630.

DEUXIÈME SECTION.

DISPOSITIONS SPÉCIALES.

NORD.

AMIENS A BOULOGNE. — NORD. — CREIL A SAINT-QUENTIN. — ARDENNES ET OISE (PARTIE). — HAUTMONT A LA FRONTIÈRE.

L. 15 juillet 1840...   Relative à divers chemins de fer. Sommes affectées à l'établissement d'un chemin de fer de Lille à la frontière et d'un chemin de fer de Valenciennes à la frontière.......... — 2ᵉ sem. 1840, sér. 9, *Bull.* 753, p. 235.

> Chambre des députés. Présentation : *Mon.* du 8 avril; rapport par M. de Beaumont : *Mon.* du 4 juin; discussion et adoption : *Mon.* des 11, 12, 13, 14, 16 et 17 juin.
> Chambre des pairs. Présentation : *Mon.* du 24 juin; rapport par M. le baron Dupin : *Mon.* du 4 juillet; discussion et adoption : *Mon.* du 5 juillet.

L. 11 juin 1842....   Relative à l'établissement de grandes lignes de chemins de fer...... notamment sur la frontière de Belgique, par Lille et Valenciennes; de Paris sur l'Angleterre, par un ou plusieurs ports de la Manche...... Allocations et crédits pour le chemin de fer de Paris à la frontière belge. — 1ᵉʳ sem. 1842, sér. 9, *Bull.* 914, p. 481.

> Chambre des députés. Présentation : *Mon.* du 8 février; rapport par M. Dufaure : *Mon.* des 17 et 19 avril; discussion et adoption : *Mon.* des 27, 28, 29 et 30 avril, 3, 4, 5, 6, 7, 8, 10, 11, 12 et 13 mai.

Chambre des pairs. Présentation : *Mon.* du 14 mai ; rapport par M. le comte de Gasparin : *Mon.* du 27 mai ; discussion et adoption : *Mon.* des 31 mai, 1, 2, 3 et 4 juin.

O. 15 septembre 1842. Exploitation par l'État des chemins de Lille et de Valenciennes à la frontière. Mise en vigueur des dispositions internationales. Tarif pour les voyageurs. Procès-verbal de la commission mixte. — 2ᵉ sem. 1842, sér. 9, *Bull.* 952, p. 566.

O. 5 novembre 1842. Tarif pour les voyageurs et les marchandises sur les chemins de fer de Lille et de Valenciennes à la frontière. — 2ᵉ sem. 1842, sér. 9, *Bull.* 959, p. 681.

O. 6 janvier 1843... Crédit pour l'exploitation des chemins de fer de Lille et de Valenciennes à la frontière. — 1ᵉʳ sem. 1843, sér. 9, *Bull.* 975, p. 113.

O. 25 juin 1843.... Tarif pour les voyageurs et les bagages sur le chemin de fer de Lille à la frontière. — 2ᵉ sem. 1843, sér. 9, *Bull.* 1023, p. 73.

O. 9 décembre 1843. Tarif pour les voyageurs et les marchandises sur les chemins de fer de Lille et de Valenciennes à la frontière. — 2ᵉ sem. 1843, sér. 9, *Bull.* 1066, p. 878.

L. 5 janvier 1844... Autorisant la ville de Douai à fournir une subvention pour l'établissement de la gare du chemin de fer. — 2ᵉ sem. 1844, sér. 9, *Bull.* 1109, p. 35.

O. 22 mai 1844.... Tarif pour wagon complet sur les lignes de Lille et de Valenciennes à la frontière. — 1ᵉʳ sem. 1844, sér. 9, *Bull.* 1,098, p. 473.

L. 26 juillet 1844... Décidant l'établissement d'un chemin de fer dirigé de Paris sur l'Angleterre par Calais, Dunkerque[1] et Boulogne, et fixant les tracés des embranchements. Autorisant la mise en adjudication de la ligne d'Amiens à Boulogne. Conditions diverses et tarifs. Allocations et crédits pour les lignes de Calais et Dunkerque. Crédits pour l'achèvement et l'ex-

---

[1]

CHEMIN DE FER DE LILLE A DUNKERQUE.

CONCESSION ABANDONNÉE.

L. 9 juillet 1838..... Autorisation et concession d'un chemin de fer de Lille à Dunkerque. Texte du cahier des charges. — 2ᵉ sem. 1838, sér. 9, *Bull.* 587, p. 78.

L. 26 juillet 1839..... Abrogation de la loi précédente. — 2ᵉ sem. 1839, sér. 9, *Bull.* 664, p. 85.

ploitation de certaines sections de la ligne du Nord. — 2e sem. 1844, sér. 9, *Bull.* 1120, p. 171.

Chambre des députés. Présentation : *Mon.* du 3 mars; rapport par M. Lanyer : *Mon.* du 15 juin; discussion et adoption : *Mon.* des 26, 27, 28 et 29 juin.
Chambre des pairs. Présentation : *Mon.* du 5 juillet; rapport par M. le comte Daru : *Mon.* du 19 juillet; discussion et adoption : *Mon.* du 21 juillet.

L. 5 août 1844 . . . . . Crédits pour l'exploitation et la liquidation des entreprises sur les chemins de fer de Lille et de Valenciennes à la frontière. — 2e sem. 1844, sér. 9, *Bull.* 1124, p. 251.

Chambre des députés. Présentation : *Mon.* du 8 mai; rapport par M. Cadeau d'Acy : *Mon.* du 28 juin; discussion et adoption : *Mon.* des 16 et 18 juillet.
Chambre des pairs. Présentation : *Mon.* du 23 juillet; rapport par M. C. Périer : *Mon.* du 31 juillet; discussion et adoption : *Mon.* du 3 août.

O. 9 septembre 1844. Autorisation de mettre en adjudication la ligne d'Amiens à Boulogne. Texte du cahier des charges. — 2e sem. 1844, sér. 9, *Bull.* 1133, p. 419.

O. 24 octobre 1844. Approuvant l'adjudication passée pour la concession de la ligne d'Amiens à Boulogne. (Compagnie d'Amiens à Boulogne.) Texte de la soumission. — 2e sem. 1844, sér. 9, *Bull.* 1147, p. 693.

O. 29 mai 1845 . . . . Autorisation de la société anonyme formée sous la dénomination de *Compagnie du chemin de fer d'Amiens à Boulogne.* Texte des statuts. — 1er sem. 1845, suppl. sér. 9, *Bull.* 784, p. 769.

L. 15 juillet 1845. . . Autorisant la mise en adjudication du chemin de fer de Paris en Belgique, avec les embranchements de Calais et de Dunkerque, ainsi que la mise en adjudication d'un chemin de fer de Creil à Saint-Quentin et d'un chemin de fer de Fampoux à Hazebrouck. Crédits pour l'achèvement de la ligne principale [1] . . . . Texte du cahier des charges

---

CHEMIN DE FER DE FAMPOUX A HAZEBROUCK.

CONCESSION ABANDONNÉE.

L. 15 juillet 1845 . . . . Autorisant l'adjudication d'un chemin de fer de Fampoux à Hazebrouck . . . . Texte du cahier des charges. — 2e sem. 1845, série 9, *Bull.* 1221, p. 116.

O. 10 septembre 1845. Approuvant la concession du chemin de fer de Fampoux à Hazebrouck. Texte de l'adjudication. — 2e sem. 1845, sér. 9, *Bull.* 1238, p. 574.

O. 22 septembre 1845. Approbation de la compagnie du chemin de fer de Fampoux à Hazebrouck. Texte des statuts. — 2e sem. 1845, suppl. sér. 9, *Bull.* 802, p. 302.

D. 6 mars 1853 . . . Restitution à la compagnie de Fampoux à Hazebrouck . . . . de la moitié de son cautionnement. (Arrêté du 28 décembre 1847; déclaration de déchéance. Arrêté du 21 juin 1848; suppression du cautionnement.) — 1er sem. 1853, sér. 11, *Bull.* 28, p. 394.

du chemin de fer de Paris à la frontière belge et embranchements.
Texte du cahier des charges du chemin de fer de Creil à Saint-Quentin. . . . . — 2ᵉ sem. 1845, sér. 9, *Bull.* 1221, p. 116.

Chambre des députés. Présentation : *Mon.* du 22 février; rapport par M. Muret
de Bord : *Mon.* du 11 mai; discussion et adoption : *Mon.* des 14, 15, 16, 17, 20,
21, 22 et 23 mai.

Chambre des pairs. Présentation : *Mon.* du 31 mai; rapport par M. Rouillé de
Fontaine : *Mon.* du 20 juin; adoption : *Mon.* du 25 juin.

L. 19 juillet 1845 . . Autorisant la ville de Lille à contracter un emprunt pour une subvention
relative à l'établissement du chemin de fer. — 2ᵉ sem. 1845, sér. 9,
Bull. 1224, p. 305.

O. 10 septembre 1845. Approuvant l'adjudication passée pour la concession du chemin de fer
de Paris en Belgique et embranchements (compagnie du Nord). **Texte**
de la soumission. — 2ᵉ sem. 1845, sér. 9, *Bull.* 1238, p. 572.

O. 20 septembre 1845. Autorisation de la société anonyme formée sous la dénomination de
compagnie du chemin de fer du Nord. Texte des statuts. — 2ᵉ sem.
1845, suppl. sér. 9, *Bull.* 802, p. 289.

O. 29 décembre 1845. Approuvant l'adjudication passée pour la concession du chemin de fer de
Creil à Saint-Quentin (compagnie de Creil à Saint-Quentin). Texte de
la soumission. — 2ᵉ sem. 1845, sér 9, *Bull.* 1266, p. 1264.

O. 24 avril 1846. . . . Autorisation de la société anonyme formée sous la dénomination de compagnie du chemin de fer de Creil à Saint-Quentin. Texte des statuts.
— 1ᵉʳ sem. 1846, suppl. sér. 9, *Bull.* 838, p. 812.

O. 2 décembre 1846. Crédit pour la construction des plates-formes des bureaux de poste sur
la ligne du Nord. . . . — 2ᵉ sem. 1846, sér. 9, *Bull.* 1348, p. 1025.

O. 1ᵉʳ avril 1847. . . . Approuvant la fusion de la compagnie du chemin de fer de Creil à Saint-
Quentin avec la compagnie du chemin de fer du Nord. Traité de
fusion de ces deux compagnies. — 1ᵉʳ sem. 1847, suppl. sér. 9,
Bull. 899, p. 742.

L. 9 août 1847 . . . . Allocations et crédits pour l'achèvement de la ligne de Paris à Lille et à
Valenciennes. — 2ᵉ sem. 1847, sér. 9, *Bull.* 1412, p. 529.

Chambre des députés. Présentation : *Mon.* du 21 mai; rapport par M. Pascalis :
Mon. du 22 juin; discussion et adoption : *Mon.* des 16 et 17 juillet.

Chambre des pairs. Présentation : *Mon.* du 24 juillet; rapport par M. le comte
Daru : *Mon.* du 29 juillet; adoption : *Mon.* des 30 et 31 juillet.

D. 10 décembre 1851.   Concession aux compagnies des chemins de fer du Nord et de Paris à
Strasbourg d'un raccordement entre leurs gares de la Chapelle et de
la Villette. Texte du cahier des charges. — 2ᵉ sem. 1851, sér. 10,
Bull. 469, p. 1075.

D. 19 février 1852..   Approuvant une convention qui sanctionne la fusion de la compagnie du
chemin de fer d'Amiens à Boulogne avec celle du chemin de fer du
Nord, et fait concession à cette dernière compagnie des lignes de
Saint-Quentin à la frontière belge; du Cateau à Somain (ou d'une
variante dirigée par Cambrai); de la Fère à Reims, et éventuellement
de Noyelle à Saint-Valery. Texte de la convention. — 1ᵉʳ sem. 1852,
sér. 10, *Bull.* 496, p. 527.

D. 25 janvier 1853..   Promulgation du règlement pour le transit international des marchandises par chemins de fer entre la France, la Belgique et les Pays-
Bas, en ce qui concerne la douane. — 1ᵉʳ sem. 1853, sér. 11, *Bull.* 15,
p. 183.

D. 20 juillet 1853.   Approuvant une convention passée pour la concession d'une ligne de Creil
à Beauvais (compagnie des Ardennes). Texte de la convention et du
cahier des charges. — 2ᵉ sem. 1853, sér. 11, *Bull.* 85, p. 355.

D. 13 août 1853....   Approuvant une convention passée pour la concession, à la compagnie
du Nord, d'une ligne de Paris à Creil et d'une section dirigée par
Cambrai, en remplacement de la section du Cateau à Somain. Texte
de la convention. — 2ᵉ sem. 1853, sér. 11, *Bull.* 86, p. 395.

L. 23 mai 1854[1]....   Autorisant le département du Nord à s'imposer pour la subvention destinée à la construction de la ligne de Cambrai. — 1ᵉʳ sem. 1854,
sér. 11, *Bull.* 176, p. 1377.

    Corps législatif. Présentation : *Mon.* du 15 avril, suppl.; rapport par M. Sey-
doux : *Mon.* du 20 mai, suppl.; adoption : *Mon.* du 3 mai.

D. 19 août 1854....   Approuvant une convention passée pour la concession d'un chemin de
fer de Hautmont à la frontière belge, avec raccordement éventuel à
Maubeuge. Texte de la convention et du cahier des charges. — 2ᵉ sem.
1854, sér. 11, *Bull.* 223, p. 537.

D. 17 octobre 1854.   Portant concession, à la compagnie du chemin de fer du Nord, d'un

----

[1] D. 27 novembre 1852...   Convocation du conseil général du département du Nord pour délibérer sur la subvention
destinée à la ligne de Cambrai. — 2ᵉ sem. 1852, sér. 10, *Bull.* 591, p. 792.

embranchement de Noyelle à Saint-Valery. — 2ᵉ sem. 1854, sér. 11, *Bull.* 228, p. 624.

D. 18 novembre 1854. Autorisant la compagnie du chemin de fer du Nord à importer des rails à droit réduit. — 2ᵉ sem. 1854, sér. 11, *Bull.* 248, p. 1004.

D. 5 mai 1855..... Autorisant la compagnie du chemin de fer du Nord à importer des rails à droit réduit. — 1ᵉʳ sem. 1855, sér. 11, *Bull.* 296, p. 993.

D. 6 décembre 1856. Prorogation des délais d'exécution du chemin de fer de Hautmont à la frontière. — 2ᵉ sem. 1856, sér. 11, *Bull.* 452, p. 1195.

L. 1ᵉʳ juin 1857.... Autorisant la ville de Laon à contracter un emprunt pour subvention à la compagnie du Nord. — 1ᵉʳ sem. 1857, sér. 11, *Bull.* 504, p. 964.

> Corps législatif. Présentation : *Mon.* annexe D ; rapport par M. Hébert : annexe E ; adoption : *Mon.* du 25 avril.

D. 10 juin 1857.... Approuvant une convention passée avec la compagnie des Ardennes, concernant.... la cession, à la compagnie du Nord, de l'embranchement de Creil à Beauvais, en échange de l'abandon, par celle-ci, de la section de Laon à Reims. — 2ᵉ sem. 1857, sér. 11, *Bull.* 523, p. 364.

D. 26 juin 1857.... Approuvant une convention passée avec la compagnie du chemin de fer du Nord pour la concession des lignes ci-après : Paris à Soissons ; Boulogne à Calais, et embranchement sur Marquise ; Amiens vers Tergnier ; une ligne intermédiaire entre Arras, Lille et Douai ; un embranchement sur Senlis ; un embranchement sur Pontoise ; un embranchement d'Ermont à Argenteuil (R. D.) ; pour la concession, dans la proportion des deux tiers, d'une ligne de Rouen à Amiens, et pour la concession éventuelle de plusieurs lignes, savoir : de Soissons à la frontière, avec embranchement sur la ligne de Saint-Quentin à la frontière ; de Senlis à la ligne de Paris à Soissons ; de Beauvais à une ligne nouvelle sur Dieppe ; pour la sanction d'un traité passé avec la compagnie des Ardennes pour la cession, à celle-ci, de la section de Laon à Reims, en échange de l'embranchement de Creil à Beauvais, et d'un traité passé avec la compagnie de l'Ouest pour la construction du raccordement d'Argenteuil ; pour la reprise du chemin de fer de Villers-Cotterets au Port-aux-Perches[1] ; enfin pour l'applica-

---

[1] O. 6 juin 1836......... Autorisation de l'établissement d'un chemin de fer de Villers-Cotterets au Port-aux-Perches. Texte du cahier des charges. — 1ᵉʳ sem. 1836, sér. 9, *Bull.* 439, p. 4.

tion, à l'ensemble du réseau de la compagnie du Nord, d'un nouveau cahier des charges. Texte de la convention, du cahier des
charges et des deux traités. — 2ᵉ sem. 1857, sér. 11, *Bull.* 526,
p. 411.

D. 30 juin 1857... Autorisant une modification des statuts de la compagnie du chemin de
fer du Nord. Texte des statuts modifiés. — 2ᵉ sem. 1857, suppl.
sér. 11, *Bull.* 406, p. 294.

D. 15 juillet 1858.. Tracé du chemin de fer de Paris à Soissons, entre Dammartin et Soissons. — 2ᵉ sem. 1858, sér. 11, *Bull.* 622, p. 84.

D. 11 juin 1859.... Approuvant une convention passée avec la compagnie du chemin de fer
du Nord pour la division des lignes en ancien et nouveau réseau;
garantie d'intérêt accordée à ce dernier; conditions diverses. Texte de
la convention. — 2ᵉ sem. 1859, sér. 11, *Bull.* 709, p. 54.

L. 11 juin 1859.... Approuvant certains articles de la convention précitée. — 2ᵉ sem. 1859,
sér. 11, *Bull.* 709, p. 13.

> Corps législatif. Présentation : *Mon.* des 23 février et 4 mars, suppl.; rapport
> par M. le baron de Jouvenel : *Mon.* du 31 mai, suppl. XIV; discussion et adop-
> tion : *Mon.* des 18, 19 et 20 mai.

D. 27 août 1859.... Approuvant un traité passé avec la compagnie du Nord pour l'améliora-
tion des voies publiques aux abords de la gare nouvelle. — 2ᵉ sem.
1859, sér. 11, *Bull.* 730, p. 616.

D. 26 septembre 1859. Approuvant une convention passée avec la compagnie du Nord pour la
fusion du chemin de fer de Hautmont à la frontière. Texte de la
convention et du traité. — 2ᵉ sem. 1859, sér. 11, *Bull.* 735, p. 794.

D. 5 juin 1861..... Déclaration d'utilité publique et concession définitive d'un chemin de
fer de Beauvais à la ligne de Dieppe. — 1ᵉʳ sem. 1861, sér. 11,
Bull. 940, p. 785.

D. 14 juin 1861.... Déclaration d'utilité publique et concession définitive d'un chemin de
fer de Senlis à la ligne de Paris à Soissons. — 2ᵉ sem. 1861, sér. 11,
Bull. 946, p. 6.

D. 14 juin 1861.... Tracé et délai fixé pour l'exécution de la ligne de Boulogne à Calais. —
2ᵉ sem. 1861, sér. 11, *Bull.* 953, p. 254.

L. 2 juillet 1861... Crédits (obligations trentenaires) pour l'exécution de plusieurs lignes...

Subvention à accorder pour la traversée de la ville de Boulogne par la ligne de Calais. — 2ᵉ sem. 1861, sér. 11, *Bull.* 946, p. 1.

Corps législatif. Exposé des motifs : *Mon.* du 18 juin; rapport par M. Alfred Leroux : *Mon.* des 29 et 30 juin; discussion et adoption : *Mon.* des 25 et 26 juin.

D. 4 juillet 1861... Création des obligations trentenaires précitées. — 2ᵉ sem. 1861, sér. 11, *Bull.* 946, p. 5.

D. 27 juillet 1861.. Prorogation du délai d'exécution, pour l'embranchement de Pontoise. — 2ᵉ sem. 1861, sér. 11, *Bull.* 958, p. 340.

D. 22 septembre 1861. Déclaration d'utilité publique et concession définitive d'un chemin de fer de Soissons à la frontière de Belgique. — 2ᵉ sem. 1861, sér. 11, *Bull.* 968, p. 513.

D. 22 septembre 1861. Tracé du chemin de fer entre Amiens et Ham. — 2ᵉ sem. 1861, sér. 11, *Bull.* 968, p. 514.

L. 12 février 1862.. Conversion des rentes..... et des obligations trentenaires précitées. — 1ᵉʳ sem. 1862, sér. 11, *Bull.* 998, p. 105.

Corps législatif. Exposé des motifs : *Mon.* du 29 janvier; rapport par M. Gouin : *Mon.* du 7 février; discussion et adoption : *Mon.* des 8 et 9 février.

D. 26 mars 1862... Déclaration d'utilité publique de l'établissement d'une gare de marchandises à Lille, et agrandissement de la gare de Fives; terrains réunis à la concession. — 1ᵉʳ sem. 1862, sér. 11, *Bull.* 1027, p. 871.

L. 16 avril 1862.... Ville de Boulogne-sur-Mer. Subvention pour le raccordement du chemin de fer de Boulogne à Calais. — 1ᵉʳ sem. 1862, sér. 11, *Bull.* 1017, p. 622.

Corps législatif. Exposé des motifs : *Mon.* du 20 mars; rapport par M. d'Hérambault : annexe F, n° 83; discussion et adoption : *Mon.* du 22 mars.

L. 6 juillet 1862.... Approuvant certains articles de la convention passée avec la compagnie du Nord pour la concession (dans l'ancien réseau) des lignes de Valenciennes à Achette, et de Lille à la frontière, près Tournay. Passage de la ligne des houillères à l'ancien réseau. Fixation des revenus moyens réservés audit réseau. — 2ᵉ sem. 1862, sér. 11, *Bull.* 1041, p. 285.

D. 6 juillet 1862.... Déclaration d'utilité publique relative aux chemins de fer de Valenciennes à Achette et de Lille vers Tournay. Approbation d'une conven-

tion passée pour la concession desdites lignes. Texte de la convention.
— 2ᵉ sem. 1862, sér. 11, *Bull.* 1041, p. 286.

D. 6 juillet 1862.... Déclaration d'utilité publique et concession définitive d'un chemin de
fer dirigé de la ligne de Saint-Quentin à Erquelines, à celle de
Soissons à la frontière. — 2ᵉ sem. 1862, sér. 11, *Bull.* 1041, p. 289.

D. 16 août 1862 ... Tracé du chemin de fer de Rouen à Amiens entre le Grand-Parc et
Amiens. — 2ᵉ semestre 1862, sér. 11, *Bull.* 1051, p. 594.

EST.

MULHOUSE A THANN.—STRASBOURG A BÂLE.—MONTEREAU A TROYES.—PARIS A STRASBOURG.
—BLESME ET SAINT-DIZIER A GRAY.— ARDENNES.

———

L. 17 juillet 1837.... Autorisant l'établissement d'un chemin de fer de Mulhouse à Thann (compagnie Kœchlin). Dispositions diverses. Texte du cahier des charges. — 2ᵉ sem. 1837, sér. 9, *Bull.* 524, p. 247.

> Chambre des députés. Présentation : *Mon.* du 9 mai ; rapport par M. T. de Las-Cases : *Mon.* 23 mai ; discussion et adoption : *Mon.* du 25 mai.
> Chambre des pairs. Présentation : *Mon.* du 2 juillet ; rapport par M. le comte de la Villegontier : *Mon.* du 11 juillet ; adoption : *Mon.* du 13 juillet.

L. 6 mars 1838 .... Autorisant l'établissement et la concession d'un chemin du fer de Strasbourg à Bâle (compagnie de Strasbourg à Bâle). Dispositions diverses. Texte du cahier des charges. — 1ᵉʳ sem. 1838, sér. 9, *Bull.* 559, p. 81.

> Chambre des députés. Présentation : *Mon.* du 28 janvier ; rapport par M. de Golbéry : *Mon.* du 4 février ; discussion et adoption : *Mon.* des 6 et 7 février.
> Chambre des pairs. Présentation : *Mon.* du 8 février ; rapport par M. Tarbé de Vauxclair : *Mon.* du 17 février ; discussion et adoption : *Mon.* des 20 et 21 février.

O. 14 mai 1838..... Autorisation de la compagnie du chemin de fer de Strasbourg à Bâle. Texte des statuts. — 1ᵉʳ sem. 1838, suppl. sér. 9, *Bull.* 370, p. 778.

L. 15 juillet 1840.. Relative à divers chemins de fer... Prêt consenti par l'État en faveur de la compagnie du chemin de fer de Strasbourg à Bâle. — 2ᵉ sem. 1840, sér. 9, *Bull.* 753, p. 235.

> Chambre des députés. Présentation : *Mon.* du 8 avril ; rapport par M. de Beaumont : *Mon.* du 4 juin ; discussion et adoption : *Mon.* des 11, 12, 13, 14, 16 et 17 juin.
> Chambre des pairs. Présentation : *Mon.* du 24 juin ; rapport par M. le baron Dupin : *Mon.* du 4 juillet ; discussion et adoption : *Mon.* du 5 juillet.

O. 16 octobre 1840.   Approuvant la convention passée avec la compagnie du chemin de fer de
                       Strasbourg à Bâle, pour la réalisation du prêt. — 2ᵉ sem. 1840,
                       sér. 9, *Bull.* 773. p. 636.

O. 29 octobre 1840.   Approuvant un nouveau cahier des charges pour le chemin de fer de
                       Strasbourg à Bâle. — 2ᵉ sem. 1840, sér. 9, *Bull.* 774, p. 657. Texte
                       du cahier des charges, *Bull.* 779. p. 791.

O. 20 juillet 1841... Crédit ouvert pour le chemin de fer de Strasbourg à Bâle. — 2ᵉ sem.
                       1841, sér. 9, *Bull.* 840, p. 111.

O. 29 octobre 1841.   Crédit ouvert pour le chemin de fer de Strasbourg à Bâle. — 2ᵉ sem.
                       1841, sér. 9, *Bull.* 860, p. 378.

O. 23 décembre 1841.   Crédit ouvert pour le chemin de fer de Strasbourg à Bâle. — 1ᵉʳ sem.
                       1842, sér. 9, *Bull.* 880, p. 12.

L. 11 juin 1842.....   Relative à l'établissement de grandes lignes de chemins de fer... de
                       Paris sur la frontière d'Allemagne par Nancy et Strasbourg... de la
                       Méditerranée sur le Rhin par Lyon, Dijon et Mulhouse. Conditions
                       d'exécution. Allocations et crédits pour la ligne de Strasbourg. —
                       1ᵉʳ sem. 1842, sér. 9, *Bull.* 914, p. 481.

                       Chambre des députés. Présentation : *Mon.* du 8 février; rapport par M. Du-
                       faure : *Mon.* des 17 et 19 avril; discussion et adoption : *Mon.* des 27, 28, 29 et
                       30 avril; 3, 4, 5, 6, 7, 8, 10, 11, 12 et 13 mai.
                       Chambre des pairs. Présentation : *Mon.* du 14 mai; rapport par M. le comte
                       de Gasparin : *Mon.* du 27 mai; discussion et adoption : *Mon.* des 31 mai, 1ᵉʳ, 2, 3
                       et 4 juin.

O. 20 octobre 1843..   Chemin de fer de Strasbourg à Bâle; justifications financières. — 2ᵉ sem.
                       1843, sér. 9, *Bull.* 1056, p. 754.

L. 26 juillet 1844... Autorisant la concession d'un chemin de fer de Montereau à Troyes. Con-
                       ditions principales. — 2ᵉ sem. 1844, sér. 9, *Bull.* 1120, p. 176.

                       Chambre des députés. Présentation : *Mon.* du 4 avril; rapport par M. de la
                       Tournelle : *Mon.* du 6 juin; discussion et adoption : *Mon.* des 20, 21, 22, 23,
                       25 et 26 juin.
                       Chambre des pairs. Présentation : *Mon.* du 30 juin; rapport par M. Teste : *Mon.*
                       du 10 juillet; discussion et adoption : *Mon.* des 12, 13 et 14 juillet.
                       Retour à la chambre des députés. *Mon.* du 17 juillet; rapport par M. de la
                       Tournelle : *Mon.* du 17 juillet; discussion et adoption : *Mon.* du 18 juillet.

L. 2 août 1844.....   Allocations et crédits pour le chemin de fer de Paris à Strasbourg et pour les embranchements de Reims et de Metz. — 2ᵉ sem. 1844, sér. 9, *Bull.* 1122, p. 189.

> Chambre des députés. Présentation : *Mon.* du 24 mai ; rapport par M. Ch. Dupin : *Mon.* du 28 juin ; discussion et adoption : *Mon.* des 30 juin, 2, 3 et 4 juillet.
> Chambre des pairs. Présentation : *Mon.* du 7 juillet ; rapport par M. le marquis de Gabriac : *Mon.* du 23 juillet ; adoption : *Mon.* du 28 juillet.

O. 14 décembre 1844.   Cahier des charges de la concession du chemin de fer de Montereau à Troyes. Texte du cahier des charges. — 2ᵉ sem. 1844, sér. 9, *Bull.* 1160, p. 1053.

O. 25 janvier 1845..   Approuvant l'adjudication passée pour la concession du chemin de fer de Montereau à Troyes. Texte du procès-verbal. — 1ᵉʳ sem. 1845, sér. 9, *Bull.* 1175, p. 129.

O. 29 mai 1845....   Autorisation de la compagnie du chemin de fer de Montereau à Troyes. Texte des statuts. — 1ᵉʳ sem. 1845, suppl. sér. 9, *Bull.* 783, p. 705.

L. 19 juillet 1845...   Autorisant l'adjudication... du chemin de fer de Paris à Strasbourg, avec embranchements sur Reims et sur Metz et la Prusse. Texte du cahier des charges. — 2ᵉ sem. 1845, sér. 9, *Bull.* 1226, p. 329.

> Chambre des députés. Présentation : *Mon.* du 19 avril ; rapport par M. Gillon : *Mon.* du 17 juin ; discussion et adoption : *Mon.* des 1ᵉʳ et 2 juillet.
> Chambre des pairs. Présentation : *Mon.* du 5 juillet ; rapport par M. le duc de Fezensac : *Mon.* du 15 juillet ; discussion et adoption : *Mon.* du 19 juillet.

O. 27 novembre 1845.   Approuvant l'adjudication passée pour la concession du chemin de fer de Paris à Strasbourg et embranchements. Texte de la soumission. — 2ᵉ sem. 1845, sér. 9, *Bull.* 1259, p. 1092.

O. 17 décembre 1845.   Autorisation de la compagnie du chemin de fer de Paris à Strasbourg. Texte des statuts. — 2ᵉ sem. 1845, suppl. sér. 9, *Bull.* 818, p. 761.

L. 11 juin 1846....   Autorisant l'adjudication d'un chemin de fer de Saint-Dizier à Gray. Conditions diverses. Texte du cahier des charges. — 2ᵉ sem. 1846, sér. 9, *Bull.* 1312, p. 283.

> Chambre des députés. Présentation : *Mon.* du 24 mars ; rapport par M. de Bussières : *Mon.* du 23 avril ; discussion et adoption : *Mon.* des 7, 8, 9 et 10 mai.
> Chambre des pairs. Présentation : *Mon.* du 20 mai ; rapport par M. le duc de Fezensac : *Mon.* du 7 juin ; discussion et adoption : *Mon.* du 9 juin.

L. 9 août 1847.....   Autorisant un prêt à faire par l'État à la compagnie du chemin de fer de Montereau à Troyes. — 2ᵉ sem. 1847, sér. 9, *Bull.* 1413, p. 541.

> Chambre des députés. Présentation : *Mon.* du 11 juin ; rapport par M. A. Calmon : *Mon.* du 8 juillet ; discussion et adoption : *Mon.* des 23 et 24 juillet.
> Chambre des pairs. Présentation : *Mon.* du 29 juillet ; rapport par M. le duc de Fezensac : *Mon.* du 5 août ; adoption : *Mon.* du 7 août.

O. 11 septembre 1847.   Approbation de la convention passée avec la compagnie du chemin de fer de Montereau à Troyes pour la réalisation du prêt de l'État. Texte de la convention. — 2ᵉ sem. 1847, sér. 9, *Bull.* 1419, p. 679.

O. 11 septembre 1847.   Crédit ouvert pour le prêt autorisé en faveur de la compagnie du chemin de fer de Montereau à Troyes. — 2ᵉ sem. 1847, sér. 9, *Bull.* 1420, p. 706.

D. 24 avril 1848 . . .   Crédit ouvert pour le chemin de fer de Paris à Strasbourg. — 1ᵉʳ sem. 1848, 2ᵉ partie, série 10, *Bull.* 30, p. 298.

D. 17 novembre 1848.   Autorisant la compagnie du chemin de fer de Montereau à Troyes à exploiter provisoirement la partie du chemin de fer de Paris à Lyon comprise entre Montereau et Melun. — 2ᵉ sem. 1848, sér. 10, *Bull.* 92, p. 652.

L. 7 mai 1850 . . . . .   Sommes affectées aux travaux du chemin de fer de Paris à Strasbourg. — 1ᵉʳ sem. 1850, sér. 10, *Bull.* 257, p. 465.

> Présentation à l'assemblée : *Mon.* du 20 février ; rapport par M. Leverrier : *Mon.* du 12 mai ; discussion et adoption : *Mon.* du 8 mai.

L. 30 juin 1851 . . . .   Sommes affectées aux travaux du chemin de fer de Paris à Strasbourg. — 1ᵉʳ sem. 1851, sér. 10, *Bull.* 408, p. 761.

D. 10 décembre 1851.   Concession aux compagnies des chemins de fer du Nord et de Paris à Strasbourg d'un raccordement des gares de la Chapelle et de la Villette. Texte du cahier des charges. — 2ᵉ sem. 1851, sér. 10, *Bull.* 469, p. 1075.

D. 19 février 1852. .   Approuvant une convention passée avec la compagnie du Nord pour la concession d'un chemin de fer de la Fère à Reims par Laon, etc. Texte de la convention. — 2ᵉ sem. 1852, sér. 10, *Bull.* 496, p. 527.

D. 25 février 1852. .   Autorisant la concession d'un chemin de fer de Strasbourg à la frontière bavaroise. Texte du cahier des charges. — 1ᵉʳ sem. 1852, sér. 10, *Bull.* 499, p. 581.

D. 25 février 1852..	Approuvant une convention passée avec la compagnie du chemin de fer de Strasbourg à Bâle, pour la concession d'un chemin de fer de Strasbourg à la frontière bavaroise. Texte de la convention. — 1er sem. 1852, sér. 10, *Bull.* 499, p. 600.

D. 25 février 1852..	Somme affectée à l'achèvement des travaux du chemin de fer de Paris à Strasbourg, et dispositions relatives à la gare de Strasbourg. — 1er sem. 1852, sér. 10, *Bull.* 499, p. 602.

D. 25 mars 1852...	Approuvant une convention passée avec la compagnie du chemin de fer de Paris à Strasbourg pour la concession d'une ligne de Metz à Thionville, avec prolongement vers Luxembourg. Prorogation de la concession de Paris à Strasbourg. Subvention à payer à la compagnie de Blesme à Gray. Texte de la convention. Traité avec la compagnie de Blesme à Gray. — 1er sem. 1852, sér. 10, *Bull.* 521, p. 1097.

D. 26 mars 1852...	Autorisant la concession d'un chemin de fer de Blesme et de Saint-Dizier à Gray. Texte du cahier des charges. — 1er sem. 1852, série 10, *Bull.* 528, p. 1222.

D. 26 mars 1852...	Approuvant la convention passée pour la concession du chemin de fer de Blesme et de Saint-Dizier à Gray (compagnie de Blesme à Gray). Texte de la convention; conventions subsidiaires. — 1er sem. 1852, sér. 10, *Bull.* 528, p. 1240.

D. 27 mars 1852...	Prorogation de la concession du chemin de fer de Montereau à Troyes, et autorisation, pour la compagnie, de contracter un emprunt. — 1er sem. 1852, sér. 10, *Bull.* 520, p. 1087.

D. 25 mai 1852....	Convention conclue avec le gouvernement bavarois pour l'exploitation du chemin de fer de Strasbourg à Spire. Texte de la convention et procès-verbal. — 1er sem. 1852, sér. 10, *Bull.* 537, p. 1419.

D. 4 juin 1852.....	Autorisation de la compagnie du chemin de fer de Blesme et Saint-Dizier à Gray. Texte des statuts. — 1er sem. 1852, suppl. sér. 10, *Bull.* 252, p. 712.

D. 28 juillet 1852..	Déterminant les formes des justifications financières à présenter par la compagnie du chemin de fer de Blesme à Gray. Réalisation de l'emprunt, etc. — 2e sem. 1852, sér. 10, *Bull.* 573, p. 428.

D. 30 juillet 1852..	Autorisation de la compagnie du chemin de fer de Mulhouse à Thann. Texte des statuts. — 2e sem. 1852, suppl. sér. 10, *Bull.* 263, p. 152.

D. 15 avril 1853....   Approuvant une modification des statuts de la compagnie du chemin de fer de Strasbourg à Bâle. Texte de la modification des statuts. — 1er sem. 1853, suppl. sér. 11, *Bull.* 18, p. 664.

D. 20 juillet 1853..   Approuvant la convention passée pour la concession du chemin de fer de Reims à Mézières, Charleville et Sedan, avec prolongement éventuel vers la frontière, et d'un chemin de fer de Creil à Beauvais (compagnie des Ardennes). Texte de la convention et du cahier des charges. — 2e sem. 1853, série 11, *Bull.* 85, p. 355.

D. 27 juillet 1853..   Approuvant une convention passée avec la compagnie du chemin de fer de Blesme à Gray pour la réalisation de la garantie d'intérêt. — 2e sem. 1853, sér. 11, *Bull.* 82, p. 307.

D. 17 août 1853....   Approuvant une convention passée avec la compagnie du chemin de fer de Paris à Strasbourg portant les dispositions suivantes : concession à la compagnie du chemin de fer de Paris à Strasbourg d'un chemin de fer de Paris à Mulhouse avec embranchement sur Coulommiers; d'un chemin de fer de Nancy à Gray; d'un chemin de fer de Paris à Vincennes et embranchement. Fusion et réunion à la compagnie des chemins de fer de Montereau à Troyes et de Blesme à Gray. Texte de la convention. Cahier des charges de la concession précitée. Traité entre les compagnies fusionnées. — 2e sem. 1853, sér. 11, *Bull.* 94, p. 531.

D. 17 août 1853...   Approuvant une modification des statuts de la compagnie du chemin de fer de Strasbourg à Bâle. Texte de la modification des statuts. — 1er sem. 1853, suppl. sér. 11, *Bull.* 18, p. 664.

D. 21 janvier 1854..   Approuvant la modification des statuts de la compagnie du chemin de fer de Paris à Strasbourg, sous la nouvelle dénomination de *Compagnie des chemins de fer de l'Est.* Texte des statuts. — 2e sem. 1853, suppl. sér. 11, *Bull.* 62, p. 159.

D. 20 avril 1854...   Approuvant une convention passée pour la fusion du chemin de fer de Strasbourg à Bâle et à Wissembourg avec les chemins de l'Est, et pour la concession à la compagnie de l'Est d'une ligne de Strasbourg à Kehl sur le Rhin. Texte de la convention. Cahier des charges supplémentaire. — 1er sem. 1854, sér. 11, *Bull.* 177, p. 1393.

D. 24 juin 1854...   Autorisant le département de l'Aube à subvenir, par voie d'imposition, à la garantie d'intérêt des actions de la compagnie de Montereau à Troyes. — 1er sem. 1854, sér. 11, *Bull.* 191, p. 1683.

D. 5 août 1854 . . . .   Approuvant une modification des statuts de la compagnie du chemin de
fer de Mulhouse à Thann. Texte de la modification des statuts. —
2ᵉ sem. 1854, suppl. sér. 11, *Bull.* 107, p. 324.

D. 18 janvier 1855 .   Approuvant l'établissement, par la compagnie de l'Est, d'un embranchement sur Provins et d'un raccordement près des Ormes.

D. 8 mars 1855 . . . .   Déclaration d'utilité publique de l'exécution, entre Langres et Vesoul,
du chemin de fer de Paris à Mulhouse. Concession rendue définitive
en cette partie (extrait). — 1ᵉʳ sem. 1855, sér. 11, *Bull.* 295,
p. 982.

D. 11 juillet 1855 . .   Autorisation de la compagnie des chemins de fer des Ardennes et de
l'Oise. Texte des statuts. — 2ᵉ sem. 1855, suppl. sér. 11, *Bull.* 212,
p. 305.

D. 1ᵉʳ mars 1856 . . .   Allocations pour diverses lignes; diminution de l'allocation affectée au
chemin de fer de Paris à Strasbourg. — 1ᵉʳ sem. 1856, sér. 11,
Bull. 369, p. 321.

D. 19 novembre 1856,   Approuvant une convention passée avec la compagnie des chemins de
fer de l'Est, relativement à l'émission de nouvelles obligations. —
2ᵉ sem. 1856, sér. 11, *Bull.* 451, p. 1102.

D. 3 janvier 1857 . .   Prorogation du délai spécial concernant le prolongement du chemin de
fer de Reims à Charleville jusqu'à la frontière. — 1ᵉʳ sem. 1857,
sér. 11, *Bull.* 461, p. 36.

D. 21 janvier 1857 . .   Approuvant une convention passée avec la compagnie des chemins de
fer de l'Est pour la concession d'un embranchement sur Bar-sur-
Seine, et le raccordement avec la ligne de Mulhouse, près Vincennes.
Texte de la convention. — 1ᵉʳ sem. 1857, sér. 11, *Bull.* 466,
p. 137.

D. 10 juin 1857 . . .   Approuvant une convention passée avec la compagnie des Ardennes pour

---

CHEMIN DE FER DE PROVINS AUX ORMES

CONCESSION ABANDONNÉE

D. 28 juillet 1852 . . . . .   Portant concession d'un chemin de fer de Provins aux Ormes (compagnie du chemin de fer
de Provins aux Ormes). — 2ᵉ sem. 1852, sér. 10, *Bull.* 565, p. 312.
D. 12 octobre 1853 . . .   Autorisation de la compagnie du chemin de fer de Provins aux Ormes. Texte des statuts.
— 2ᵉ sem. 1853, suppl. sér. 11, *Bull.* 51, p. 890.

la concession d'un chemin de fer de Charleville à la frontière; d'un chemin de fer de Sedan à Thionville, avec embranchement sur Longwy et la frontière; d'un chemin de fer de Reims vers Villers-Cotterets. Texte de la convention et du cahier des charges. — 2ᵉ sem. 1857, sér. 11, *Bull.* 523, p. 364; *Errata : Bull.* 544, p. 828.

D. 26 juin 1857.... Approuvant une convention passée avec la compagnie du Nord. Homologation d'un traité conclu entre cette compagnie et la compagnie des Ardennes pour la cession de la ligne de Laon à Reims, en échange de l'embranchement de Beauvais. Texte de la convention et du traité. — 2ᵉ sem. 1857, sér. 11, *Bull.* 526, p. 411.

D. 3 juillet 1857... Approuvant une convention passée avec la compagnie des chemins de fer de l'Est pour la concession d'un embranchement sur le camp de Châlons. Texte de la convention. — 2ᵉ sem. 1857, sér. 11, *Bull.* 525, p. 405.

D. 3 juillet 1857.... Approuvant une modification des statuts et la nouvelle dénomination de la compagnie du chemin de fer des Ardennes, et réglant l'émission des obligations. — 2ᵉ sem. 1857, suppl. sér. 11, *Bull.* 400, p. 128.

D. 12 juillet 1857.. Convention conclue avec le grand-duché de Luxembourg pour l'établissement d'un chemin de fer international en prolongement de la ligne de Metz à Thionville. — 2ᵉ sem. 1857, sér. 11, *Bull.* 520, p. 17.

D. 24 juillet 1857.. Convention conclue avec le grand-duché de Bade pour le passage du Rhin, et notamment la construction d'un pont de chemin de fer près Kehl. — 2ᵉ sem. 1857, sér. 11, *Bull.* 525, p. 401.

D. 7 septembre 1857. Convention conclue avec la Bavière pour le service international des chemins de fer à Wissembourg. — 2ᵉ sem. 1857, sér. 11, *Bull.* 539, p. 729.

D. 29 mai 1858.... Approuvant une convention passée entre la compagnie de l'Est et la compagnie de Mulhouse à Thann pour la fusion de cette dernière ligne. Texte de la convention. — 1ᵉʳ sem. 1858, sér. 11, *Bull.* 613, p. 1407.

D. 19 juin 1858.... Convention conclue avec le grand-duché de Bade pour l'établissement

d'un pont sur le Rhin et d'un chemin de fer de Strasbourg à Kehl[1].
— 1er sem. 1858, sér. 11, *Bull.* 612, p. 1365.

D. 8 juillet 1858... Prorogation des délais d'achèvement pour le chemin de fer de Paris à Saint-Maur et l'embranchement de Coulommiers. — 2e sem. 1858, sér. 11, *Bull.* 622, p. 83.

D. 24 mai 1859.... Modification des statuts de la compagnie du chemin de fer des Ardennes. — 1er sem. 1859, suppl. sér. 11, *Bull.* 580, p. 1048.

D. 11 juin 1859.... Approuvant une convention passée avec la compagnie de l'Est pour la concession d'un chemin de fer de Thann à Wesserling et la concession éventuelle d'une ligne de Mézières à Hirson, pour l'approbation de la fusion de la compagnie des Ardennes, et pour la division des lignes en ancien et nouveau réseau. Garantie d'intérêt accordée à ce dernier. Conditions diverses. Texte de la convention. Nouveau cahier des charges de l'Est. — 2e sem. 1859, sér. 11, *Bull.* 709, p. 59.

D. 11 juin 1859.... Approuvant une convention passée avec la compagnie des Ardennes pour l'approbation du traité de fusion avec celle de l'Est. Subvention à la compagnie et garantie d'intérêt. Texte de la convention et du traité de fusion. — 2e sem. 1859, sér. 11, *Bull.* 709, p. 87.

D. 11 juin 1859.... Approuvant certains articles des conventions homologuées par les deux décrets précédents. — 2e sem. 1859, sér. 11, *Bull.* 709, p. 13.

> Corps législatif. Présentation : *Mon.* des 23 février et 4 mars, suppl.; rapport par M. le baron de Jouvenel : *Mon.* du 31 mai, suppl. XIV; discussion et adoption : *Mon.* des 18, 19 et 20 mai.

D. 24 novembre 1860. Convention conclue avec la Belgique pour un raccordement international du chemin de fer des Ardennes. — 2e sem. 1860, sér. 11, *Bull.* 873, p. 1117.

D. 24 novembre 1860. Autre convention conclue avec la Belgique pour un second raccordement du chemin de fer des Ardennes. — 2e sem. 1860, sér. 11, *Bull.* 873, p. 1117.

D. 12 décembre 1860. Déclarant d'utilité publique l'établissement d'un raccordement de chemin de fer, de Givet à la frontière belge, vers Morialmé. Concession

---

D. 6 février 1861...... Convention relative à la limite de souveraineté sur le pont du Rhin. — 1er sem. 1861, sér. 11, *Bull.* 904, p. 251.

faite à la compagnie des Ardennes. — 1ᵉʳ sem. 1861, sér. 11, *Bull.* 893, p. 49.

D. 3 juillet 1861 . . .   Établissement, dans la gare de Strasbourg, d'un bureau pour la sortie des boissons. — 2ᵉ sem. 1861, sér. 11, *Bull.* 966, p. 495.

D. 22 février 1862 . .   Déclaration d'utilité publique de l'établissement d'une gare de marchandises à Pantin; terrains réunis à la concession. — 1ᵉʳ sem. 1862, sér. 11, *Bull.* 1024, p. 717.

D. 5 avril 1862 . . . .   Convention conclue avec la Belgique pour un raccordement du chemin de fer de Charleville à la frontière, vers Morialmé. — 1ᵉʳ sem. 1862, sér. 11, *Bull.* 1013, p. 433.

D. 6 juillet 1862 . . .   Déclaration d'utilité publique et concession définitive d'un chemin de fer de Mézières à Hirson (ligne de Soissons à la frontière.) — 2ᵉ sem. 1862, sér. 11, *Bull.* 1041, p. 290.

OUEST.

PARIS A SAINT-GERMAIN.
— PARIS A VERSAILLES (RIVE DROITE ET RIVE GAUCHE). — OUEST. — PARIS A ROUEN.—
ROUEN AU HAVRE.— DIEPPE ET FÉCAMP.— PARIS A CAEN ET CHERBOURG.

L. 9 juillet 1835. . . . Autorisation et concession d'un chemin de fer de Paris à Saint-Germain. Texte du cahier des charges. — Lois, sér. 9, *Bull.* 150, p. 177.

> Chambre des députés. Présentation : *Mon.* du 3 avril; rapport par M. Lamy : *Mon.* du 15 mai; discussion et adoption : *Mon.* des 31 mai et 7 juin.
> Chambre des pairs. Présentation : *Mon.* du 18 juin; rapport par M. de Germiny : *Mon.* du 28 juin; discussion et adoption : *Mon.* du 30 juin.

O. 4 novembre 1835. Autorisation de la compagnie du chemin de fer de Paris à Saint-Germain. — Sér. 9, 2ᵉ partie. 2ᵉ section, 2ᵉ sem. 1835, *Bull.* 170, p. 845.

L. 9 juillet 1836. . . . Autorisant l'adjudication de deux chemins de fer de Paris à Versailles. Texte du cahier des charges provisoire. — 2ᵉ sem. 1836, sér. 9, *Bull.* 444, p. 143.

> Chambre des députés. Présentation : *Mon.* du 11 mai; rapport par M. de Salvandy : *Mon.* du 8 juin; discussion et adoption : *Mon.* du 14 juin.
> Chambre des pairs. Présentation : *Mon.* du 18 juin; rapport par M. le baron Rogniat : *Mon.* du 29 juin; discussion et adoption : *Mon.* du 30 juin.

O. 24 mai 1837. . . . Approuvant les concessions des deux chemins de fer de Paris à Versailles (rive droite et rive gauche). Texte du cahier des charges des deux concessions. Procès-verbal de l'adjudication. — 1ᵉʳ sem. 1837, sér. 9, *Bull.* 512, p. 411.

O. 25 août 1837. . . . Autorisation de la compagnie du chemin de fer de Paris à Meudon, Sèvres et Versailles (rive gauche). Texte des statuts. — 2ᵉ sem. 1837, suppl. sér. 9, *Bull.* 316, p. 613.

O. 16 octobre 1837.   Autorisant l'emplacement, dans Paris, de la gare du chemin de fer de
                           Saint-Germain. — 2ᵉ sem. 1837, sér. 9, *Bull.* 543, p. 685.

O. 21 novembre 1837.   Autorisation de la compagnie du chemin de fer de Paris à Versailles et
                           Saint-Cloud (rive droite). Approbation des statuts. — 2ᵉ sem. 1837,
                           suppl. sér. 9, *Bull.* 331, p. 917.

O. 3 juillet 1838....   Approbation du projet présenté pour la gare du chemin de fer de Paris
                           à Saint-Germain. — 2ᵉ sem. 1838, sér. 9, *Bull.* 588, p. 137.

O. 27 mars 1839....   Modification du projet de la gare du chemin de fer de Paris à Saint-
                           Germain. — 1ᵉʳ sem. 1839, sér. 9, *Bull.* 641, p. 229.

L. 1ᵉʳ août 1839....   Autorisant un prêt de l'État en faveur de la compagnie du chemin de
                           Paris à Versailles (rive gauche). Prorogation des délais, etc. — 2ᵉ sem.
                           1839, sér. 9, *Bull.* 665, p. 90.

> Chambre des députés. Présentation : *Mon.* du 5 juin; rapport par M. Cochin :
> *Mon.* du 29 juin; discussion et adoption : *Mon.* du 9 juillet.
> Chambre des pairs. Présentation : *Mon.* du 30 juillet; rapport par M. Gau-
> tier : *Mon.* du 23 juillet; adoption : *Mon.* du 25 juillet.

O. 16 septembre 1839.   Modification des statuts de la compagnie du chemin de fer de Paris à
                           Saint-Germain. Texte de la modification. — 2ᵉ sem. 1839, suppl. sér. 9,
                           Bull. 447, p. 454.

O. 28 juin 1840....   Autorisation de la compagnie du chemin de fer de Paris à Rouen. Texte
                           des statuts. — 2ᵉ sem. 1840, suppl. sér. 9, *Bull.* 498, p. 65.

L. 15 juillet 1840...   Autorisation et concession d'un chemin de fer de Paris à Rouen, à la
                           compagnie de ce nomᴸ. Prêt autorisé en faveur de celle-ci. Texte du
                           cahier des charges. — 2ᵉ sem. 1840, sér. 9, *Bull.* 754, p. 267.

> Chambre des députés. Présentation : *Mon.* du 24 mai; rapport par M. Garnier-
> Pagès : *Mon.* du 11 juin; discussion et adoption : *Mon.* du 17 juin.

COMPAGNIE DU CHEMIN DE FER DE PARIS A ROUEN ET AU HAVRE (PLATEAUX).

CONCESSION ABANDONNÉE.

L. 6 juillet 1838......   Autorisation et concession d'un chemin de fer de Paris au Havre, avec embranchements sur
                           Elbeuf, Louviers et Dieppe. Texte du cahier des charges. Convention additionnelle. —
                           2ᵉ sem. 1838, sér. 9, *Bull.* 587, p. 37.

O. 13 août 1838......   Autorisation de la compagnie du chemin de fer de Paris à la mer. Texte des statuts. — 2ᵉ sem.
                           1838, suppl. sér. 9. *Bull.* 385, p. 326.

L. 1ᵉʳ août 1839......   Résiliation des conventions résultant de la concession du chemin de fer de Paris à la mer. —
                           2ᵉ sem. 1839, sér. 9, *Bull.* 665, p. 89.

Chambre des pairs. Présentation : *Mon.* du 25 juin; rapport par M. le marquis de Laplace : *Mon.* du 8 juillet; discussion et adoption : *Mon.* du 10 juillet.

O. 17 mars 1841 . . .   Modification des statuts de la compagnie du chemin de fer de Paris à Rouen. Texte de la modification. — 1er sem. 1841, suppl. sér. 9. *Bull.* 527, p. 290.

L. 11 juin 1842 . . . .   Autorisation et concession d'un chemin de fer de Rouen au Havre. Prêt et subvention à la compagnie. Texte du cahier des charges. — 1er sem. 1842, sér. 9, *Bull.* 923, p. 657.

O. 15 décembre 1842.   Crédit pour le chemin de fer de Paris à Rouen. — 2e sem. 1842, sér. 9, *Bull.* 969, p. 847.

O. 2 janvier 1843 . . .   Crédit pour le chemin du fer de Paris à Rouen. — 2e sem. 1843, sér. 9, *Bull.* 972, p. 5.

O. 13 janvier 1843 . .   Approuvant une convention passée avec la compagnie du chemin de fer de Paris à Rouen, pour la réalisation du prêt de l'État. Texte de la convention. — 1er sem. 1843, sér. 9, *Bull.* 975, p. 114.

O. 29 janvier 1843 . .   Autorisation de la compagnie du chemin de fer de Rouen au Havre. Texte des statuts. — 1er sem. 1843, suppl. sér. 9, *Bull.* 641, p. 161.

O. 12 février 1843 . .   Crédit pour le chemin de fer de Paris à Rouen. — 1er sem. 1843, sér. 9, *Bull.* 983, p. 188.

L. 2 juillet 1843 . . . .   Crédit pour le chemin de fer de Paris à Rouen. — 2e sem. 1843, sér. 9, *Bull.* 1021, p. 23.

Chambre des députés. Présentation : *Mon.* du 14 avril; rapport par M. Thil : *Mon.* du 27 avril; discussion et adoption : *Mon.* du 23 mai.

Chambre des pairs. Présentation : *Mon.* du 27 mai; rapport par M. le comte de Murat : *Mon.* du 30 juin; discussion et adoption : *Mon.* du 29 juin.

L. 26 juillet 1844 . . .   Décidant l'établissement d'un chemin de fer de Paris à Rennes. Allocations et crédits. — 2e sem. 1844, sér. 9, *Bull.* 1120, p. 180.

Chambre des députés. Présentation : *Mon.* du 24 mai; rapport par M. de Salvandy : *Mon.* du 11 juin; discussion et adoption : *Mon.* du 26 juin.

Chambre des pairs. Présentation : *Mon.* du 30 juin; rapport par M. le marquis d'Audiffret : *Mon.* du 20 juillet; discussion et adoption : *Mon.* du 21 juillet.

O. 28 juillet 1844 . .   Approuvant une convention passée avec la compagnie du chemin de fer de Paris à Rouen, pour la réalisation du prêt supplémentaire accordé à la compagnie. Texte de la convention. — 2ᵉ sem. 1844, sér. 9, *Bull.* 1130, p. 343.

O. 28 juillet 1844 . . Approuvant une convention passée avec la compagnie du chemin de fer de Rouen au Havre, pour la réalisation du prêt accordé à la compagnie. Texte de la convention. — 2ᵉ sem. 1844, sér. 9, *Bull.* 1130, p. 349.

L. 5 août 1844 . . . . Ouvrant un crédit pour essai d'un système atmosphérique pour les chemins de fer. — 2ᵉ sem. 1844, sér. 9, *Bull.* 1124, p. 253.

> Chambre des députés. Présentation : *Mon.* du 10 juillet; rapport par M. Arago : *Mon.* du 18 juillet; adoption : *Mon.* du 19 juillet.
> Chambre des pairs. Présentation : *Mon.* du 22 juillet; rapport par M. le marquis de Laplace : *Mon.* du 31 juillet; adoption : *Mon.* du 4 août.

O. 22 septembre 1844. Crédit pour la surveillance du chemin de fer de Paris à Rouen. — 2ᵉ sem. 1844, sér. 9, *Bull.* 1142, p. 607.

O. 2 novembre 1844. Emploi du système atmosphérique pour l'accès du plateau de Saint-Germain. Approbation d'une convention passée dans ce but avec la compagnie du chemin de fer de Paris à Saint-Germain. Texte de la convention. — 2ᵉ sem. 1844, sér. 9, *Bull.* 1149, p. 714.

L. 19 juillet 1845 . . Autorisation de la concession de deux embranchements sur Dieppe et sur Fécamp. Cahier des charges de ces embranchements. — 2ᵉ sem. 1845, sér. 9, *Bull.* 1226, p. 368.

> Chambre des députés. Présentation : *Mon.* du 12 juin; rapport par M. Pascalis : *Mon.* du 25 juin; discussion et adoption : *Mon.* du 2 juillet.
> Chambre des pairs. Présentation : *Mon.* du 5 juillet; rapport par M. le marquis de Raigecourt : *Mon.* du 12 juillet; adoption : *Mon.* du 15 juillet.

O. 23 juillet 1845. . . Modification des statuts de la compagnie du chemin de fer de Paris à Rouen. Texte de la modification. — 2ᵉ sem. 1845, suppl. sér. 9, *Bull.* 794, p. 58.

O. 18 septembre 1845. Approuvant une convention passée pour la concession des chemins de fer d'embranchement de Dieppe et de Fécamp (compagnie du même nom). Texte de la convention. — 2ᵉ sem. 1845, sér. 9, *Bull.* 1242, p. 602.

O. 18 septembre 1845. Crédit pour la surveillance du chemin de fer de Paris à Rouen. — 2ᵉ sem. 1845, sér. 9, *Bull.* 1244, p. 617.

O. 20 septembre 1845. Augmentation du capital de la compagnie du chemin de fer de Paris à

Saint-Germain. Texte de la modification des statuts. — 2ᵉ sem. 1845, suppl. sér. 9, *Bull.* 803, p. 333.

O. 14 octobre 1845. Autorisation de la compagnie des chemins de fer d'embranchement de Dieppe et de Fécamp. Texte des statuts. — 2ᵉ sem. 1845, suppl. sér. 9, *Bull.* 806, p. 457.

O. 29 novembre 1845. Crédits pour le prêt accordé à la compagnie du chemin de fer de Paris à Rouen et à celle du chemin de fer de Rouen au Havre. — 2ᵉ sem. 1845, sér. 9, *Bull.* 1261, p. 1117.

O. 10 janvier 1846... Autorisation et concession d'un chemin de fer d'Asnières à Argenteuil. Texte du cahier des charges. — 1ᵉʳ sem. 1846, sér. 9, *Bull.* 1271, p. 48.

L. 11 juin 1846.... Relative aux chemins de fer de l'Ouest. — Décide l'établissement d'un chemin de fer de Paris à Caen et à Cherbourg, avec embranchement sur Rouen. Autorise la concession du chemin de fer de Paris à Caen avec embranchement. Autorise la concession du chemin de fer de Versailles à Rennes, et règle la fusion des compagnies de Versailles. Allocations et crédits. Texte du cahier des charges du chemin de fer de Paris à Caen et du chemin de fer de Versailles à Rennes. Traités passés avec les compagnies de Versailles et de Saint-Germain. — 2ᵉ sem. 1846, sér. 9, *Bull.* 1308, p. 29.

    Chambre des députés. Présentation : *Mon.* du 15 juin 1845; rapport par M. Lacrosse : *Mon.* du 3 juillet.
    Reprise : *Mon.* du 13 janvier 1846; rapport supplémentaire : *Mon.* du 21 janvier; discussion et adoption : *Mon.* des 29 et 30 avril, 1ᵉʳ, 3, 5 et 6 mai.
    Chambre des pairs. Présentation : *Mon.* du 15 mai; rapport par M. le marquis de Raigecourt : *Mon.* du 30; discussion et adoption : *Mon.* du 9 juin.

O. 2 janvier 1847... Autorisation d'une modification des statuts de la compagnie du chemin de fer de Rouen au Havre. — 1ᵉʳ sem. 1847, suppl. sér. 9, *Bull.* 887, p. 201.

L. 9 août 1847..... Crédit pour la pose de la voie, sur la ligne de Versailles à Chartres (Ouest). — 2ᵉ sem. 1847, sér. 9, *Bull.* 1413, p. 543.

    Chambre des députés. Présentation : *Mon.* du 11 juin; rapport par M. Collignon : *Mon.* du 5 juillet; discussion et adoption : *Mon.* du 23 juillet.
    Chambre des pairs. Présentation : *Mon.* du 29 juillet; rapport par M. le baron de Bussières : *Mon.* du 5 août; discussion et adoption : *Mon.* des 7 et 8.

L. 9 août 1847..... Prorogation du délai fixé pour l'achèvement des embranchements de Dieppe et de Fécamp. — 2ᵉ sem. 1847, sér. 9, *Bull.* 1413, p. 544.

A. 27 février 1848 . . .   Exécution de travaux de terrassement sur la ligne de Chartres (Ouest). — 1er sem. 1848, 2e partie, sér. 10, *Bull.* 2, p. 19.

D. 16 juin 1848. . . . .   Somme affectée au matériel de la ligne de Chartres (Ouest). — 1er sem. 1848, 2e partie, sér. 10, *Bull.* 45, p. 544.

Rapport par M. Bourdon : *Mon.* du 17 juin; adoption : *Mon.* du 17 juin.

L. 21 avril 1849. . . .   Autorisant l'exploitation, par l'État, de la ligne de Chartres (Ouest). Crédit ouvert. Autorisation de racheter le chemin de Versailles (R. G.). — 1er sem. 1849, sér. 10, *Bull.* 153, p. 375.

Présentation à l'assemblée : *Mon.* du 2 mars; rapport par M. Deslongrais : *Mon.* du 5 avril; discussion et adoption : *Mon.* du 22 avril.

D. 22 mai 1850. . . .   Approuvant une modification des statuts de la compagnie des chemins de fer de Dieppe et de Fécamp. — 1er sem. 1850, suppl. sér. 10, *Bull.* 122, p. 597.

L. 24 avril, 3 et 13   Relative au chemin de fer de l'Ouest. Autorisation de concéder le che-
mai 1851.   min de fer de Versailles à Rennes avec raccordement des deux rives de Versailles. Approbation du traité de rachat du chemin de fer de Versailles (R. G.). Texte du cahier des charges du chemin de fer de l'Ouest. Traité avec la compagnie de la rive gauche. — 1er sem. 1851, sér. 10, *Bull.* 390, p. 575.

Présentation à l'assemblée : *Mon.* du 11 décembre 1850; rapport par M. G. de Beaumont : *Mon.* du 1er avril 1851; première lecture : *Mon.* du 25 avril; seconde lecture : *Mon.* des 2, 3 et 4 mai; troisième lecture : *Mon.* des 11, 13 et 14 mai.

D. 28 avril 1851 . . .   Approuvant une modification des statuts de la compagnie du chemin de fer de Paris à Rouen. Texte de la modification. — 1er sem. 1851, suppl. sér. 10, *Bull.* 181, p. 673.

D. 16 juillet 1851 . .   Approuvant les conventions passées pour la concession au chemin de fer de l'Ouest (compagnie du même nom) de l'embranchement de Viroflay et l'exploitation du chemin de fer de Versailles (R. D.). Texte des conventions. — 2e sem. 1851, sér. 10, *Bull.* 426, p. 133.

D. 11 décembre 1851.   Approuvant une convention passée avec diverses compagnies et la compagnie du chemin de fer de Paris à Rouen, pour la concession d'un chemin de fer de ceinture. Texte de la convention. — 2e sem. 1851, sér. 10, *Bull.* 470, p. 1112.

D. 22 janvier 1852.   Crédit pour les travaux du chemin de fer de l'Ouest. — 1er sem. 1852, sér. 10, *Bull.* 486, p. 201.

D. 27 janvier 1852..   Approbation de la compagnie du chemin de fer de l'Ouest. Texte des statuts. — 1er sem. 1852, suppl. série 16, *Bull.* 229, p. 171. Modification des statuts, *Bull.* 253, p. 750.

L. 8 juillet 1852....   Décide l'établissement d'un chemin de fer de Paris à Cherbourg, avec embranchement sur Rouen et embranchement sur le Mans. Approuve la convention passée pour la concession du chemin de fer de Paris à Caen et à Cherbourg (compagnie du même nom). Approuve la convention passée avec la compagnie de l'Ouest pour la concession de l'embranchement de Mézidon au Mans. Texte des cahiers des charges du chemin de fer de Paris à Cherbourg, du chemin de fer de Mézidon au Mans, des conventions passées pour la concession de ces lignes, etc. — 2e sem. 1852, sér. 10, *Bull.* 558, p. 149.

> Corps législatif. Présentation : *Mon.* du 27 juin; rapport par M. le baron Paul de Richemont; *Mon.* du 27 juin; adoption : *Mon.* du 29 juin.

D. 18 août 1852...   Autorisation et concession d'un chemin de fer des Batignolles à Passy et à Auteuil. — Approbation de la convention passée à cet effet avec la compagnie du chemin de fer de Paris à Saint-Germain. Texte de la convention. — 2e sem. 1852, sér. 10. *Bull.* 573, p. 447.

D. 11 septembre 1852.   Approbation de la compagnie du chemin de fer de Caen à Cherbourg. Texte des statuts. — 2e sem. 1852, suppl. sér. 10, *Bull.* 269, p. 335.

D. 19 janvier 1853..   Approbation d'une modification des statuts de la compagnie du chemin de fer de l'Ouest. Texte de la modification. — 1er sem. 1853, suppl. sér. 11, *Bull.* 7, p. 154.

D. 13 février 1853..   Crédit pour le chemin de fer de Paris à Cherbourg... — 1er sem. 1853, série 11, *Bull.* 28, p. 393.

D. 17 septembre 1853.   Approuvant une modification des statuts de la compagnie du chemin de fer de Paris à Saint-Germain. Texte de la modification. — 2e sem. 1853, suppl. série 11, *Bull.* 46, p. 733.

D. 25 septembre 1853.   Déterminant les justifications financières à présenter par la compagnie du chemin de fer de Paris à Cherbourg. — 2e sem. 1853, sér. 11, *Bull.* 102, p. 844.

D. 25 septembre 1853.   Déterminant les justifications financières à présenter par la compagnie de l'Ouest, pour la ligne du Mézidon au Mans. — 2e sem. 1853, sér. 11, *Bull.* 102, p. 850.

D. 7 juin 1854...... Déclarant d'utilité publique la construction d'un souterrain aux Batignolles, sur le chemin de fer de Saint-Germain. — 2ᵉ sem. 1854, sér. 11, *Bull.* 198, p. 29.

D. 17 juillet 1854... Approuvant une modification des statuts de la compagnie du chemin de fer de Rouen au Havre. Texte de la modification. — 2ᵉ sem. 1854, suppl. sér. 11, *Bull.* 104, p. 239.

D. 25 octobre 1854. Crédit affecté à la subvention de la compagnie du chemin de fer de Paris à Cherbourg. — 2ᵉ sem. 1854, sér. 11, *Bull.* 227, p. 602.

D. 19 janvier 1855.. Approbation de l'établissement et du tracé de la ligne de Caen à Cherbourg et d'un embranchement sur Saint-Lô.

D. 7 avril 1855.... Approuvant une convention passée avec les compagnies des chemins de fer de Paris à Saint-Germain, de Paris à Rouen, de Rouen au Havre, de l'Ouest et de Paris à Caen et Cherbourg, pour la fusion desdites compagnies[1] et la concession des lignes de Normandie et de Bretagne, savoir : de Paris à Granville, du Mans à Angers, de Serquigny à Rouen, de Lisieux à Honfleur, de Rennes à Brest, à Saint-Malo, à Redon. — 2ᵉ sem. 1855, sér. 11, *Bull.* 313, p. 57.

L. 2 mai 1855..... Portant approbation de certains articles du cahier des charges de la concession des chemins de fer de Normandie et de Bretagne. Texte de la convention passée pour la fusion des lignes de l'Ouest et la concession des lignes précitées, et du cahier des charges supplémentaire de l'Ouest. — 1ᵉʳ sem. 1855, sér. 11, *Bull.* 292, p. 817; *errata* : 2ᵉ sem. 1855, *Bull.* 311, p. 48.

Corps législatif. — Présentation : *Mon.* du 21 mars; exposé des motifs : *Mon.* du 11 septembre; rapport par M. le vicomte de Latour : *Mon.* suppl. du 31 décembre; adoption : *Mon.* du 12 avril.

L. 5 mai 1855..... Autorisant le département de l'Eure à s'imposer extraordinairement, pour subvention à fournir au chemin de fer de Paris à Caen et Cherbourg. — 1ᵉʳ sem. 1855, sér. 11, *Bull.* 293, p. 857.

Corps législatif. Présentation : *Mon.* du 25 septembre; rapport par M. le baron de Montreuil; adoption : *Mon.* des 9 et 10 avril.

D. 25 décembre 1855. Portant règlement du service des télégraphes particuliers des chemins de fer de l'Ouest... — 2ᵉ sem. 1855, série 11, *Bull.* 347, p. 775.

---

[1]. Ainsi que des chemins de fer de Dieppe et de Fécamp.

L. 3 juin 1857.....   Autorise la ville de Rouen à contracter un emprunt pour subvention aux travaux de la ligne de Serquigny à Rouen. — 1er sem. 1857, sér. 11, *Bull.* 506. p. 1014.

    Corps législatif. Présentation : *Mon.* annexe D; rapport par M. Levavasseur, *Mon.* annexe XXX; adoption : *Mon.* p. 489.

D. 19 juin 1857.....   Approuvant une convention passée avec la compagnie du chemin de fer d'Orléans pour la concession de diverses lignes. Texte de ladite convention comprenant une disposition relative à la ligne du Mans à Angers et à la compagnie de l'Ouest. — 2e sem. 1857, sér. 11, *Bull.* 522, p. 244.

D. 26 juin 1857.....   Approuvant une convention passée avec la compagnie du Nord, pour la concession de plusieurs lignes, entre autres un raccordement à Argenteuil avec les lignes de l'Ouest, et une ligne de Rouen à Amiens, pour deux tiers, l'autre tiers étant concédé à la compagnie de l'Ouest. Texte du cahier des charges des diverses concessions. Traité entre les compagnies du Nord et de l'Ouest, relativement aux lignes précitées. — 2e sem. 1857, sér. 11, *Bull.* 526, p. 411.

L. 28 avril 1858...   Autorise le département de Seine-et-Oise à s'imposer pour subvention à la compagnie de l'Ouest. — 1er sem. 1858, sér. 11, *Bull.* 600, p. 780.

L. 1er mai 1858....   Autorise le département de l'Eure à s'imposer pour subvention à la compagnie de l'Ouest. — 1er sem. 1858, sér. 11, *Bull.* 600, p. 788.

L. 18 mai 1858. ...   Autorise le département de la Manche à s'imposer pour subvention à la compagnie de l'Ouest. — 1er sem. 1858, sér. 11, *Bull.* 603, p. 1004.

L. 18 mai 1858.....   Autorise le département de l'Orne à s'imposer pour subvention à la compagnie de l'Ouest. — 1er sem. 1858, sér. 11, *Bull.* 603, p. 1005.

D. 13 avril 1859...   Déterminant la direction des embranchements de Serquigny à Rouen, et de Saint-Cyr à Surdon. — 1er sem. 1859, sér. 11, *Bull.* 685, p. 590.

D. 11 juin 1859.....   Approuvant une convention passée avec la compagnie de l'Ouest pour la concession d'une ligne de Rouen à Amiens (pour 1/3); la concession d'une ligne de Paris (Argenteuil) à Dieppe (portant sanction du traité passé avec la compagnie du Nord, relativement aux travaux d'Argenteuil à Ermont); enfin la concession des embranchements de Pont-l'Évêque à Trouville et de l'Aigle à Conches. Renonciation à la subvention attachée à la ligne de Rennes à Brest, et exécution, par l'État, des travaux de cette ligne; conditions diverses. Division des lignes de l'Ouest en ancien et nouveau réseau; garantie d'intérêt accordée à ce dernier. Application du nouveau cahier des charges. Texte de la convention, du cahier des charges et du traité avec la compagnie du Nord. (Déjà inséré, *Bull.* 526, page 439). — 2ᵉ sem. 1859, sér. 11, *Bull.* 709, p. 94.

L. 11 juin 1859.... Approuvant certains articles de la convention homologuée par le décret précédent. — 2ᵉ sem. 1859, sér. 11, *Bull.* 709, p. 13.

    Corps législatif. Présentation : *Mon.* des 23 février et 4 mars, suppl.; rapport par M. le baron de Jouvenel : *Mon.* du 31 mai, suppl. XIV; discussion et adoption : *Mon.* des 18, 19 et 20 mai.

D. 11 juin 1859.... Expropriation de terrains situés à Cherbourg. Construction d'un embranchement de chemin de fer (service de l'arsenal). — 1ᵉʳ sem. 1859, série 11, *Bull.* 707, 1178.

D. 11 février 1860.. Agrandissement de la gare de Triel; terrains réunis à la concession. — 1ᵉʳ sem. 1860, sér. 11, *Bull.* 795, p. 672.

L. 20 juin 1860.... Autorisant le département de l'Eure à s'imposer pour subvention à la compagnie. — 1ᵉʳ sem. 1860, sér. 11, *Bull.* 810, p. 993.

    Corps législatif. Exposé des motifs : annexe H, nᵒ 172; rapport par M. le marquis de Blosseville : annexe J, nᵒ 207; discussion et adoption : *Mon.* du 6 juin.

L. 18 juillet 1860.. Relative à la subvention du département de l'Eure. — 2ᵉ sem. 1860, sér. 11, *Bull.* 823.

    Corps législatif. Exposé des motifs : annexe L, nᵒ 264; rapport de M. le marquis de Blosseville : annexe N, nᵒ 295; discussion et adoption : *Mon.* du 28 juin.

D. 1ᵉʳ février 1861.. Crédit pour subvention au chemin de fer de Paris à Caen. — 1ᵉʳ sem. 1861, sér. 11, *Bull.* 905, p. 232.

D. 1ᵉʳ février 1861.. Crédit pour les travaux du chemin de fer de Rennes à Brest. — 1ᵉʳ sem. 1861, sér. 11, *Bull.* 905, p. 238.

L. 29 juin 1861.... Crédit (obligations trentenaires) pour divers travaux de chemin de fer: Rennes à Brest, etc.... — 1ᵉʳ sem. 1861, sér. 11, *Bull.* 944, p. 859.

    Corps législatif. Exposé des motifs: *Mon.* du 3 juillet; rapport par M. le duc d'Albufera : annexe D, nᵒ 259; discussion et adoption: *Mon.* du 20 juin.

D. 4 juillet 1861 . . .   Création des obligations trentenaires précitées. — 2ᵉ sem. 1861, sér. 11,
      Bull. 946, p. 5.

L. 12 février 1862 . .   Conversion des rentes.... et des obligations trentenaires précitées. —
      1ᵉʳ sem. 1862, sér. 11, *Bull.* 998, p. 105.

      Corps législatif. Exposé des motifs : *Mon.* du 29 janvier; rapport par M. Gouin:
      Mon. du 7 février; discussion et adoption : *Mon.* des 8 et 9 janvier.

D. 16 août 1862 . . . .   Tracé du chemin de fer de Rouen à Amiens entre le Grand-Parc et
      Amiens.

PARIS A ORLÉANS.

PARIS A ORLÉANS ET CORBEIL. — CENTRE. — ORLÉANS A BORDEAUX. — TOURS A NANTES. — GRAND CENTRAL[1]. — MONTLUÇON A MOULINS. — PARIS A ORSAY.

L. 7 juillet 1838...   Portant concession d'un chemin de fer de Paris à Orléans, avec embranchement sur Corbeil, etc. Conditions diverses. Texte du cahier des charges. — 2ᵉ sem. 1838, sér. 9, *Bull.* 587, p. 56.

> Chambre des députés. Présentation: *Mon.* du 27 mai.; rapport par M. Vivien: *Mon.* du 15 juin; discussion et adoption: *Mon.* du 17 juin.
> Chambre des pairs. Présentation: *Mon.* du 22 juin; rapport par M. le comte Daru: *Mon.* du 5 juillet; adoption: *Mon.* du 6 juillet.

O. 13 août 1838...   Autorisation de la compagnie du chemin de fer de Paris à Orléans. Approbation des statuts. Texte des statuts. — 2ᵉ sem. 1838, suppl. sér. 9. *Bull.* 383, p. 338.

L. 1ᵉʳ août 1839...   Modification du cahier des charges de la concession du chemin de fer de Paris à Orléans; faculté de renoncer à prolonger le chemin de fer jusqu'à Orléans. — 2ᵉ sem. 1839, sér. 9, *Bull.* 665, p. 94.

> Chambre des députés. Présentation: *Mon.* du 11 juin; rapport par M. Vivien: *Mon.* du 23 juin; discussion et adoption: *Mon.* des 4, 5 et 6 juillet.
> Chambre des pairs. Présentation: *Mon.* du 16 juillet, suppl. A; rapport par M. le baron Ch. Dupin: *Mon.* du 26 juillet; adoption: *Mon.* du 27 juillet.

L. 15 juillet 1840...   Relative aux chemins de fer de Paris à Orléans, etc...., garantie d'intérêt accordée au capital de la compagnie. Nouveau cahier des charges pour le chemin de fer d'Orléans. — 2ᵉ sem. 1840, série 9. *Bull.* 753, p. 235.

> Chambre des députés. Présentation: *Mon.* du 8 avril; rapport par M. G. de

---

[1] En majeure partie.

Beaumont : *Mon.* du 4 juin ; discussion et adoption : *Mon.* des 11, 12, 13, 14, 16 et 17 juin.

Chambre des pairs. Présentation : *Mon.* du 24 juin ; rapport par M. le baron Dupin : *Mon.* du 4 juillet ; discussion et adoption : *Mon.* du 5 juillet.

O. 31 janvier 1841.. Approuvant les nouveaux statuts de la compagnie du chemin de fer de Paris à Orléans. Texte des statuts. — 1ᵉʳ sem. 1841, suppl. sér. 9, *Bull.* 523, p. 99.

L. 11 juin 1842.... Relative à l'établissement de grandes lignes de chemins de fer.... de Paris sur la frontière d'Espagne, par Tours, Poitiers, Angoulême, Bordeaux et Bayonne ; sur l'Océan, par Tours et Nantes ; sur le centre de la France, par Bourges...., Conditions d'exécution. Allocations et crédits pour les sections d'Orléans à Tours, d'Orléans à Vierzon.... — 1ᵉʳ sem. 1842, sér. 9, *Bull.* 914, p. 481.

Chambre des députés. Présentation : *Mon.* du 8 février ; rapport par M. Dufaure : *Mon.* des 16 et 17 avril ; discussion et adoption : *Mon.* des 27, 28, 29, 30 avril ; 3, 4, 5, 6, 7, 8, 10, 11, 12 et 13 mai.

Chambre des pairs. Présentation : *Mon.* du 14 mai ; rapport par M. le comte de Gasparin : *Mon.* du 27 mai ; discussion et adoption : *Mon.* des 31 mai, 1ᵉʳ, 2, 3 et 4 juin.

O. 22 octobre 1842. Autorisant la compagnie du chemin de fer de Paris à Orléans à contracter un emprunt. — 2ᵉ sem. 1842, sér. 9, *Bull.* 953, p. 581.

O. 20 octobre 1843. Déterminant le mode des justifications financières de la compagnie du chemin de fer de Paris à Orléans. — 2ᵉ sem. 1843, sér. 9, *Bull.* 1056, p. 747.

L. 26 juillet 1844.. Allocations et crédits pour le chemin de fer d'Orléans à Bordeaux. Autorisation de concéder ce chemin. Dispositions pour l'exploitation par l'État. Dispositions relatives à la compagnie. Texte du cahier des charges. — 2ᵉ sem. 1844, sér. 9, *Bull.* 1118, p. 125.

Chambre des députés. Présentation : *Mon.* du 4 avril ; rapport par M. Dufaure : *Mon.* du 3 juin ; discussion et adoption : *Mon.* des 12, 13, 14, 15, 16, 18 et 19 juin.

Chambre des pairs. Présentation : *Mon.* du 23 juin ; rapport par M. Rossi : *Mon.* du 3 juillet ; discussion et adoption : *Mon.* des 4, 5 et 6 juillet.

Retour à la chambre des députés : *Mon.* du 7 juillet ; rapport par M. Dufaure : *Mon.* du 10 juillet ; discussion et adoption. *Mon.* des 14 et 16 juillet.

L. 26 juillet 1844.. Décide la prolongation du chemin de fer du Centre sur Limoges et sur Clermont. Allocations et crédits pour ces travaux. Autorisation de concéder le chemin de fer du Centre d'Orléans à Châteauroux et au Bec-d'Allier ; dispositions pour pose de la voie jusqu'à Vierzon. Texte du cahier des charges. — 2ᵉ sem. 1844, sér. 9, *Bull.* 1119, p. 145.

  Chambre des députés. Présentation : *Mon.* du 3 mars; rapport par M. Lanyer: *Mon.* du 22 juin; discussion et adoption : *Mon.* du 30 juin.

  Chambre des pairs. Présentation : *Mon.* du 5 juillet; rapport par M. Persil: *Mon.* du 20 juillet; discussion et adoption : *Mon.* du 23 juillet.

L. 26 juillet 1844. . Allocation et crédit pour le chemin de fer de Tours à Nantes. — 2ᵉ sem. 1844, sér. 9, *Bull.* 1120, p. 179.

  Chambre des députés. Présentation : *Mon.* du 24 mai; rapport par M. Bineau : *Mon.* du 12 juin; discussion et adoption : *Mon.* du 26 juin.

  Chambre des pairs. Présentation : *Mon.* du 27 juin; rapport par M. le vicomte Pernetty : *Mon.* du 20 juillet; discussion et adoption : *Mon.* du 17 juillet.

L. 5 août 1844. . . . Autorisant la concession d'un chemin de fer de Paris à Sceaux. Dispositions diverses. Texte du cahier des charges. — 2ᵉ sem. 1844, sér. 9, *Bull.* 1124, p. 255.

  Chambre des députés. Présentation : *Mon.* du 3 juillet; rapport par M. Arago: *Mon.* du 17 juillet; adoption : *Mon.* du 19 juillet.

  Chambre des pairs. Présentation : *Mon.* du 22 juillet; rapport par M. le comte de Lariboissière : *Mon.* du 31 juillet; adoption : *Mon.* du 4 août.

O. 6 septembre 1844. Approuvant une convention passée pour la concession du chemin de fer de Paris à Sceaux. Texte de la convention. — 2ᵉ sem. 1844, sér. 9, *Bull.* 1141, p. 569.

O. 24 octobre 1844. Approuvant l'adjudication passée pour la concession du chemin de fer d'Orléans à Bordeaux. Texte de la soumission. — 2ᵉ sem. 1844, sér. 9, *Bull.* 1147, p. 690.

O. 24 octobre 1844. Approuvant l'adjudication passée pour la concession du chemin de fer du Centre. Texte de la soumission. — 2ᵉ sem. 1844, sér. 9, *Bull.* 1147, p. 691.

O. 23 février 1845. . Autorisation de la compagnie du chemin de fer de Paris à Sceaux. Approbation des statuts. Texte des statuts. — 1ᵉʳ sem. 1845, suppl. sér. 9, *Bull.* 764, p. 177.

O. 13 avril 1845. . . Autorisation de la compagnie du chemin de fer du Centre. Approbation des statuts. Texte des statuts. — 1ᵉʳ sem. 1845, suppl. sér. 9, *Bull.* 764, p. 449.

O. 16 mai 1845. . . . Autorisation de la compagnie du chemin de fer d'Orléans à Bordeaux. Approbation des statuts. Texte des statuts. — 1ᵉʳ sem. 1845, suppl. sér. 9, *Bull.* 790, p. 993.

L. 19 juillet 1845 . .   Autorisant l'adjudication du chemin de fer de Tours à Nantes. . . Texte
                           du cahier des charges. — 2ᵉ sem. 1845, sér. 9, *Bull.* 1226, p. 329.

O. 18 novembre 1845.   Approuvant une modification des statuts de la compagnie du chemin de
                           fer de Paris à Orléans. Texte de la modification. — 2ᵉ sem. 1845,
                           suppl. sér. 9, *Bull.* 814, p. 697.

O. 27 novembre 1845.   Crédit pour la section d'Orléans à Vierzon (Centre.) — 2ᵉ sem. 1845,
                           sér. 9, *Bull.* 1260, p. 1105.

O. 27 novembre 1845.   Approuvant l'adjudication passée pour la concession du chemin de fer de
                           Tours à Nantes. Texte de la soumission. — 2ᵉ sem. 1845, sér. 9,
                           Bull. 1259, p. 1094.

O. 17 décembre 1845.   Autorisation de la compagnie du chemin de fer de Tours à Nantes. Appro-
                           bation des statuts. Texte des statuts. — 2ᵉ sem. 1845, suppl. sér. 9,
                           Bull. 818, p. 776.

L. 21 juin 1846 . . . .   Allocations et crédits pour les lignes de Châteauroux à Limoges et du
                           Bec-d'Allier à Clermont, avec embranchement sur Nevers (Centre).
                           — 2ᵉ sem. 1846, sér. 9, *Bull.* 1312, p. 281.

    Chambre des députés. Présentation : *Mon.* du 19 avril ; rapport par M. Des-
sauret : *Mon.* du 6 mai ; discussion et adoption : *Mon.* des 8, 9 et 10 mai.
    Chambre des pairs. Présentation : *Mon.* du 20 mai ; rapport par M. le baron de
Barante : *Mon.* du 30 mai ; discussion et adoption : *Mon.* du 9 juin.

L. 3 juillet 1846 . . .   Crédit pour la section d'Orléans à Vierzon (Centre). — 2ᵉ sem. 1846,
                           sér. 9, *Bull.* 1313, p. 342.

    Chambre des députés. Présentation : *Mon.* du 24 mars ; rapport par M. de La-
baume : *Mon.* du 5 mai ; discussion et adoption : *Mon.* du 18 mai.
    Chambre des pairs. Présentation : *Mon.* du 21 juin ; rapport par M. le mar-
quis de Gouvion-Saint-Cyr : *Mon.* du 27 juin ; discussion et adoption : *Mon.*
du 23 juillet.

O. 2 décembre 1846.   Crédit pour les wagons-poste sur le chemin de fer d'Orléans à Bordeaux.
                           2ᵉ sem. 1846, sér. 9, *Bull.* 1348, p. 1025.

L. 9 août 1847 . . . .   Allocations et crédits pour la section d'Orléans à Vierzon (Centre). —
                           2ᵉ sem. 1847, sér. 9, *Bull.* 1412, p. 529.

    Chambre des députés. Présentation : *Mon.* du 21 mai ; rapport par M. Pascalis :
Mon. du 22 juin ; discussion et adoption : *Mon.* des 16 et 17 juillet.
    Chambre des pairs. Présentation : *Mon.* du 24 juillet ; rapport par M. le comte
Daru : *Mon.* du 29 juillet ; adoption : *Mon.* des 30 et 31 juillet.

A. 27 février 1848..   Prolongement du chemin de fer de Sceaux jusqu'à Orsay. — 1ᵉʳ sem.
1848, 2ᵉ partie, sér. 10, *Bull.* 2, p. 19.

D. 20 mars 1848...   Dispositions relatives aux voitures de 3ᵉ classe sur le chemin du fer de
Paris à Orléans. — 1ᵉʳ sem. 1848, 2ᵉ partie, sér. 10, *Bull.* 15,
p. 137.

D. 30 mars 1848...   Nomination de commissaires près des chemins de fer de Paris à Orléans
et du Centre. — 1ᵉʳ sem. 1848, 2ᵉ partie, sér. 10, *Bull.* 22, p. 211.

D. 4 avril 1848....   Plaçant sous séquestre les chemins de fer de Paris à Orléans et du
Centre. — 1ᵉʳ sem. 1848, 2ᵉ partie, sér. 10, *Bull.* 24, p. 224.

D. 10 juin 1848....   Allocation pour la ligne de Tours à Nantes. — 1ᵉʳ sem. 1848, 2ᵉ partie,
sér. 10, *Bull.* 44, p. 535.

    Assemblée nationale. Discussion et adoption : *Mon.* du 11 juin.

L. 17 novembre 1848.   Somme destinée aux travaux du chemin de fer de Vierzon au Bec-d'Allier
(Centre). — 2ᵉ sem. 1846, sér. 10, *Bull.* 93, p. 651.

    Assemblée nationale. Présentation : *Mon.* du 7 novembre ; rapport par M. Emmery : *Mon.* du 14 novembre ; adoption : *Mon.* du 18 novembre.

L. 28 décembre 1848.   Dispositions pour maintenir, aux frais de l'État, le service du chemin de
fer de Paris à Sceaux. — 2ᵉ sem. 1848, sér. 10, *Bull.* 109, p. 934.

    Assemblée nationale. Présentation : *Mon.* du 17 décembre ; rapport par M. Emmery : *Mon.* du 28 décembre ; adoption : *Mon.* du 29 décembre.

A. 29 décembre 1848.   Plaçant sous séquestre le chemin de fer de Paris à Sceaux. — 1ᵉʳ sem.
1849, sér. 10, *Bull.* 129, p. 163.

L. 7 mai 1849......   Allocations et crédits pour la ligne de Tours à Nantes. — 1ᵉʳ sem. 1849,
sér. 10, *Bull.* 160, p. 420.

L. 7 mai 1849......   Allocations et crédits pour la ligne de Vierzon au Bec-d'Allier (Centre).
— 1ᵉʳ sem. 1849, sér. 10, *Bull.* 160, p. 421.

L. 6 avril 1850....   Somme affectée au service du chemin de fer de Paris à Sceaux. —
1ᵉʳ sem. 1850, sér. 10, *Bull.* 251, p. 397.

    Assemblée nationale. Présentation : *Mon.* du 26 février ; rapport par M. Leverrier : *Mon.* du 13 mars ; discussion et adoption : *Mon.* du 7 avril.

L. 6 août 1850....   Modification et prolongation des concessions des lignes d'Orléans à Bordeaux et de Tours à Nantes; exploitation provisoire, etc. — 2ᵉ sem. 1850, sér. 10, *Bull.* 302, p. 266.

> Assemblée nationale. Présentation : *Mon.* du 4 juillet; rapport par M. Th. Ducos : *Mon.* du 23 juillet; discussion et adoption : *Mon.* des 31 juillet, 1ᵉʳ, 3, 4, 6 et 7 août.

D. 18 octobre 1850. Approuvant une convention passée, en exécution de la loi précédente, avec la compagnie du chemin de fer d'Orléans à Bordeaux. Texte de la convention. — 2ᵉ sem. 1850, sér. 10, *Bull.* 320, p. 594.

D. 18 octobre 1850. Approuvant une convention passée, en exécution de la loi précédente, avec la compagnie du chemin de fer de Tours à Nantes. Texte de la convention. — 2ᵉ sem. 1850, série 10, *Bull.* 320, p. 589.

D. 14 novembre 1850. Levant le séquestre du chemin de fer de Paris à Sceaux. — 2ᵉ sem. 1850, sér. 10, *Bull.* 327, p. 669.

L. 30 juin 1851.... Somme affectée à la ligne de Tours à Bordeaux. — 1ᵉʳ sem. 1851, sér. 10, *Bull.* 458, p. 761.

> Assemblée nationale. Présentation : *Mon.* du 27 mai; rapport par M. de Mouchy : *Mon.* du 7 juin; discussion et adoption : *Mon.* du 1ᵉʳ juillet.

D. 10 décembre 1851. Autorisation de concéder aux compagnies de Rouen, du Nord, d'Orléans et de Strasbourg, un chemin de fer de Ceinture. Texte du cahier des charges. Texte de la convention. — 2ᵉ sem. 1851, sér. 10, *Bull.* 470, p. 1105.

D. 11 décembre 1851. Approbation de la convention passée pour la concession du chemin de fer de Ceinture aux compagnies d'Orléans, etc. Texte de la convention. — 2ᵉ sem. 1851, sér. 10, *Bull.* 470, p. 1112.

D. 26 mars 1852... Autorisant la compagnie du chemin de fer de Paris à Orléans à répartir l'amortissement de son capital sur toutes les années de sa concession. — 1ᵉʳ sem. 1852, sér. 10, *Bull.* 520, p. 1070.

D. 27 mars 1852... Approuvant une convention passée avec la compagnie du chemin de fer de Paris à Orléans pour la fusion des compagnies : d'Orléans à Bordeaux, du Centre et de Tours à Nantes, et la concession à la compagnie des lignes : du Guétin à Clermont et à Roanne, de Châteauroux à Limoges, de Poitiers à La Rochelle et à Rochefort. Texte de la convention. Actes passés pour la fusion des entreprises. — 1ᵉʳ sem. 1852, sér. 10, *Bull.* 520, p. 1071.

D. 27 septembre 1852.   Approuvant une modification des statuts de la compagnie du chemin de
                        fer de Paris à Orléans. Texte de la modification. — 2ᵉ sem. 1852,
                        suppl. sér. 10, *Bull.* 276, p. 541.

D. 21 avril 1853...   Approuvant une convention passée pour la concession des chemins de
                        fer de Clermont à Lempdes, de Montauban au Lot, avec embranche-
                        ment sur Marcillac, et de Coutras à Périgueux, et la concession éven-
                        tuelle de diverses lignes (Grand-Central). Texte de la convention et
                        du cahier des charges. — 1ᵉʳ sem. 1853, sér. 11, *Bull.* 45, p. 690.

D. 30 avril 1853...   Approuvant une convention passée avec la compagnie du chemin de fer
                        de Paris à Sceaux pour la concession du chemin de fer de Bourg-la-
                        Reine à Orsay. — 2ᵉ sem. 1853, sér. 11, *Bull.* 74, p. 141.

L. 10 juin 1853. ...   Approuvant certains articles du cahier des charges et de la convention
                        relatifs au chemin de fer de Bourg-la-Reine à Orsay. Texte du cahier
                        des charges et de la convention. — 1ᵉʳ sem. 1853, sér. 11, *Bull.* 63,
                        p. 1273.

          Corps législatif. Présentation : *Mon.* du 30 avril, suppl. F; rapport par M. Ber-
          trand (de l'Yonne) : *Mon.* du 12 mai, suppl. K; adoption : *Mon.* du 23 mai.

L. 10 juin 1853. ...   Autorise le département de la Charente-Inférieure à contracter un em-
                        prunt pour subvention à la compagnie d'Orléans. — 1ᵉʳ sem. 1853,
                        sér. 11, *Bull.* 56, p. 1057.

          Corps législatif. Présentation : *Mon.* du 30 avril, suppl. XXII; rapport par
          M. le baron Lemercier; adoption : *Mon.* p. 547.

D. 30 juillet 1853. .   Autorisation de la compagnie du chemin de fer Grand-Central. Approba-
                        tion des statuts. Texte des statuts. — 2ᵉ sem. 1853, suppl. sér. 11,
                        Bull. 33, p. 11.

D. 17 août 1853...   Approuvant une convention passée pour la concession, à la compagnie
                        du chemin de fer de Paris à Orléans, d'une ligne de Tours au Mans
                        et d'une ligne de Nantes à Saint-Nazaire. Texte de la convention. —
                        2ᵉ sem. 1853, sér. 11, *Bull.* 87, p. 412.

D. 18 août 1853...   Allocations affectées aux lignes de Clermont au Guétin et de Châteauroux
                        à Limoges. — 2ᵉ sem. 1853, sér. 11, *Bull.* 84, p. 353.

D. 12 octobre 1853.   Approuvant la compagnie du chemin de fer de Paris à Sceaux sous la
                        dénomination de *Compagnie de Paris à Orsay*, et modification des
                        statuts. Texte des statuts. — 2ᵉ sem. 1853, suppl. sér. 11, *Bull.* 51,
                        p. 888.

D. 26 décembre 1853.   Approuvant une convention et un cahier des charges supplémentaire du
                         chemin de fer Grand-Central. . . . . . Texte du cahier des charges. —
                         1er sem. 1854, sér. 11, *Bull.* 131, p. 147.

D. 15 mai 1854. . . .   Approuvant une modification des statuts de la compagnie du chemin de
                         fer Grand-Central. Texte de la modification. — 1er sem. 1854, suppl.
                         sér. 11, *Bull.* 87, p. 1122.

D. 17 octobre 1854.   Approuvant une convention passée pour la concession d'un chemin de
                         fer de Montluçon à Moulins et embranchement. Texte de la conven-
                         tion et du cahier des charges. — 2e sem. 1854, sér. 11, *Bull.* 230,
                         p. 705.

D. 8 mars 1855. . . .   Déclarant d'utilité publique un chemin de fer de Nantes à Saint-Nazaire.
                         Concession rendue définitive (extrait). — 1er sem. 1855, sér. 11,
                         Bull. 295, p. 982.

D. 9 mars 1855. . . .   Approuvant une modification des statuts de la compagnie du chemin de
                         fer de Paris à Orléans. Texte des statuts. 1er sem. 1855, suppl.
                         sér. 11, *Bull.* 164, p. 491.

D. 7 avril 1855. . . .   Approuvant une convention passée pour la concession d'une ligne de
                         Paris à Lyon par Nevers, à la réunion des compagnies d'Orléans, de
                         Lyon et du Grand-Central. Texte de la convention et du cahier des
                         charges. Traités pour l'abandon des sections d'Orléans entre Nevers et
                         Clermont, etc. — 1er sem. 1856, sér. 11, *Bull.* 354, p. 49; *errata :*
                         Bull. 368, p. 293.

D. 7 avril 1855. . . .   Approuvant une convention passée pour la concession définitive, à la
                         compagnie du chemin de fer Grand-Central, d'une ligne de Bordeaux
                         à Lyon, avec embranchement sur le Lot et sur Lempdes, d'une ligne
                         de Limoges à Agen, et, éventuellement, de quatre embranchements
                         secondaires. — 2e sem. 1855, sér. 11, *Bull.* 313, p. 58.

L. 2 mai 1855. . . .   Approuvant certains articles de la concession ci-dessus faite au chemin
                         de fer Grand-Central. Texte de la convention et du cahier des charges.
                         — 1er sem. 1855, sér. 11, *Bull.* 292, p. 828.

          Corps législatif. Présentation : *Mon.* du 21 mars; rapport par M. le baron de
          Jouvenel : *Mon.* du 21 juin; adoption : *Mon.* du 12 avril.

L. 2 mai 1855. . . .   Approuvant une subvention pour la concession d'un chemin de fer de
                         Nantes à Châteaulin et embranchement. — 1er sem. 1855, sér. 9,
                         Bull. 290, p. 737.

Corps législatif. Présentation : *Mon.* des 21 mars et 12 avril; rapport par M. Le Mélorel de la Haichois ; *Mon.* du 24 août; adoption : *Mon.* du 13 avril.

D. 5 mai 1855. . . . .   Déclarant d'utilité publique les raccordements des chemins de fer près Tours (extrait). — 2ᵉ sem. 1855, sér. 11, *Bull.* 313, p. 88.

D. 20 juin 1855. . . .   Approuvant une convention passée pour la concession, à la compagnie du chemin de fer de Paris à Orléans, d'une ligne de Nantes à Châteaulin, avec embranchement sur Napoléonville (et forfait pour les travaux de Saint-Germain à Roanne). Texte de la convention. — 1ᵉʳ sem. 1855, sér. 11, *Bull.* 306, p. 1321. — Texte du cahier des charges, *Bull.* 310, p. 28.

D. 23 juin 1855. . . .   Autorisation de la compagnie du chemin de fer de Montluçon à Moulins. Approbation des statuts. Texte des statuts. — 2ᵉ sem. 1855, suppl. sér. 11, *Bull.* 201, p. 81.

D. 18 juillet 1855. .   Crédit représentant une somme payée par la compagnie d'Orléans pour le chemin de fer de Ceinture. — 2ᵉ sem. 1855, sér. 11, *Bull.* 320, p. 257.

D. 19 décembre 1855.   Approuvant une convention relative à la cession du chemin de fer de Montluçon à Moulins à la compagnie du chemin de fer Grand-Central. Texte de la convention. — 1ᵉʳ sem. 1856, sér. 11, *Bull.* 354, p. 99.

D. 25 décembre 1855.   Règlement du service des télégraphes particuliers du chemin de fer d'Orléans. . . . . . . — 2ᵉ sem. 1855, sér. 11, *Bull.* 347, p. 775.

D. 26 janvier 1856. .   Approuvant une modification des statuts de la compagnie du chemin de fer Grand-Central. Texte des statuts. — 1ᵉʳ sem. 1856, suppl. sér. 11, *Bull.* 254, p. 53.

D. 1ᵉʳ mars 1856. . .   Allocation pour les lignes de Vierzon à Châteauroux, etc. — 1ᵉʳ sem. 1856, sér. 11, *Bull.* 369, p. 321.

D. 19 juin 1857. . . .   Approuvant une convention passée avec la compagnie d'Orléans : pour la reprise du chemin de fer Grand-Central, ainsi que du chemin de fer de Paris à Orsay par cette compagnie, et l'abandon, par celle-ci, de sa portion dans la concession du Bourbonnais; pour la concession, à la compagnie d'Orléans, des lignes de Paris à Tours, de Nantes à Napoléon-Vendée, de Bourges à Montluçon, de Toulouse par Albi à la ligne du Lot à Montauban; pour diverses concessions éventuelles, et pour la fixation d'un subside affecté au réseau Pyrénéen. Texte de la convention et du nouveau cahier des charges. — 2ᵉ sem. 1857, sér. 11, *Bull.* 522, p. 244. — Texte des traités passés par la compagnie d'Orléans pour le partage du Grand-Central, l'abandon du Bourbonnais et la fusion d'Orsay (annexé au décret relatif au chemin de fer de Paris à Lyon et à la Méditerranée). — *Bull.* 522, p. 308.

L. 19 juin 1857. . . . . Approuvant certains articles de la convention homologuée par le décret précédent. — 2ᵉ sem. 1857, sér. 11, *Bull.* 522, p. 241.

    Corps législatif. Présentation et exposé des motifs : annexes I et K; rapport par M. Lequien : annexe N; discussion et adoption : *Mon.* du 28 mai.

D. 1ᵉʳ août 1857. . . . Approuvant une convention passée avec la compagnie d'Orléans pour le raccordement et le pont de Bordeaux. Texte de la convention. — 2ᵉ sem. 1857, sér. 11, *Bull.* 544, p. 817.

D. 26 août 1857. . . . Agrandissement de la gare d'Athis-Mons sur la ligne d'Orléans; terrains réunis à la concession (extrait). — 2ᵉ sem. 1857, sér. 11, *Bull.* 555, p. 953.

L. 24 avril 1858. . . . Autorise le département de la Charente-Inférieure à s'imposer pour subvention à la compagnie d'Orléans. — 1ᵉʳ sem. 1858, sér. 11, *Bull.* 595, p. 722.

    Corps législatif. Exposé des motifs : *Mon.* du 18 avril; rapport par M. le baron Eschassériaux; discussion et adoption : *Mon.* du 9 avril.

D. 11 juin 1859. . . . . Approuvant une convention passée avec la compagnie d'Orléans : pour la division des lignes en ancien et nouveau réseau; garantie d'intérêt accordée à ce dernier; conditions diverses. Texte de la convention. — 2ᵉ sem. 1859, sér. 11, *Bull.* 709, p. 15.

L. 11 juin 1859. . . . Approuvant certains articles de la convention homologuée par le décret précédent. — 2ᵉ sem. 1857, sér. 11, *Bull.* 709, p. 13.

    Corps législatif. Présentation : *Mon.* des 23 février et 4 mars, suppl.; rapport par M. le baron de Jouvenel : *Mon.* du 31 mai, suppl. XIV; discussion et adoption : *Mon.* des 18, 19 et 20 mai.

D. 5 juin 1861. . . . . . Déclaration d'utilité publique et concession définitive d'un chemin de fer de Tours à Vierzon. — 1ᵉʳ sem. 1861, sér. 11, *Bull.* 940, p. 782.

D. 5 juin 1861. . . . . . Déclaration d'utilité publique et concession définitive d'un chemin de fer d'Angers à Niort. — 1ᵉʳ sem. 1861, sér. 11, *Bull.* 940, p. 783.

D. 5 juin 1861. . . . . . Déclaration d'utilité publique et concession définitive d'un chemin de fer de Poitiers à Limoges. — 1ᵉʳ sem. 1861, sér. 11, *Bull.* 940, p. 784.

D. 22 juin 1861.... Déclaration d'utilité publique et concession définitive d'une ligne de Montluçon à Limoges (et embranchement). — 2ᵉ sem. 1861, sér. 11, *Bull.* 953, p. 255.

D. 25 août 1861.... Rachat du péage du pont de Bordeaux; concours de la compagnie d'Orléans....... — 2ᵉ sem. 1861, sér. 11, *Bull.* 962, p. 426.

D. 11 août 1862.... Approuvant une convention relative au payement en numéraire de la subvention allouée à la compagnie. — 2ᵉ sem. 1862, sér. 11, *Bull.* 1051, p. 592.

D. 28 août 1862.... Tracé du chemin de fer de Paris à Tours par Vendôme, et prolongement jusqu'à Limours du chemin de fer d'Orsay. — 2ᵉ sem. 1862, série 11, *Bull.* 1053, p. 624.

PARIS A LYON ET A LA MÉDITERRANÉE.

PARIS A LYON. — DIJON A BESANÇON. — DOLE A SALINS. — GARD. — MONTPELLIER A CETTE.
— MONTPELLIER A NIMES. — AVIGNON A MARSEILLE. —
LYON A AVIGNON (MÉDITERRANÉE). — SAINT-ÉTIENNE A LYON. —
SAINT-ÉTIENNE A ANDRÉZIEUX. — ANDRÉZIEUX A ROANNE. — JONCTION DE RHONE-ET-LOIRE.
— PARIS A LYON PAR LE BOURBONNAIS. — PARIS A ORLÉANS (PARTIE) [1]. —
GRAND-CENTRAL (PARTIE). — LYON A GENÈVE. — DAUPHINÉ.

O. 26 février 1823 . . Autorisation et concession d'un chemin de fer de la Loire au pont de l'Ane (Andrézieux à Saint-Étienne). — 1ᵉʳ sem. 1823, sér. 7, *Bull.* 591, p. 193.

O. 30 juin 1824 . . . . Approuvant le tracé du chemin de fer de Saint-Étienne à Andrézieux.

O. 21 juillet 1824 . . . Autorisation de la compagnie du chemin de fer de Saint-Étienne à la Loire (Andrézieux). Texte des statuts. — 2ᵉ sem. 1824, sér. 7, *Bull.* 691 *bis*, p. 1.

O. 19 avril 1826 . . . . Approuvant une modification des statuts de la compagnie de Saint-Étienne à la Loire (Andrézieux). Texte de la modification. — 1ᵉʳ sem. 1826, sér. 8, *Bull.* 95 *bis*, p. 1.

O. 7 juin 1826 . . . . Approuvant l'adjudication passée pour la concession d'un chemin de fer de Saint-Étienne à Lyon. — 2ᵉ sem. 1831, 2ᵉ partie, sér. 9, *Bull.* 107, p. 317.

O. 7 mars 1827 . . . . . Autorisation de la compagnie du chemin de fer de Saint-Étienne à Lyon. Texte des statuts. — 1ᵉʳ sem. 1827, sér. 8, *Bull.* 155 *bis*, p. 31.

---

[1] Et ancien chemin du Centre (pour l'embranchement de Nevers).

O. 13 juin 1827.....   Concession d'un terrain pour garage à la compagnie de Saint-Étienne à
                        Lyon. — 2ᵉ sem. 1830, 2ᵉ partie, sér. 9, *Bull.* 30, p. 585.

O. 27 août 1828.....   Approuvant l'adjudication passée pour l'établissement d'un chemin de
                        fer d'Andrézieux à Roanne. — 2ᵉ sem. 1828, sér. 8, *Bull.* 251,
                        p. 228.

O. 26 avril 1829...   Autorisation de la compagnie du chemin de fer de la Loire (Andrézieux
                        à Roanne). — Sér. 8, *Bull.* 251, p. 228.

O. 13 décembre 1829.   Autorisant la construction d'un pont sur la Saône (Saint-Étienne à Lyon).
                        — 1ᵉʳ sem. 1830, sér. 8, *Bull.* 338, p. 37.

O. 21 mars 1830...   Approbation du tracé du chemin de fer d'Andrézieux à Roanne. Condi-
                        tions diverses. — 1ᵉʳ sem. 1830, sér. 8, *Bull.* 348, p. 213.

O. 5 décembre 1830.   Tarif de la gare de Perrache (Saint-Étienne à Lyon); construction d'un
                        embranchement du chemin de fer. — 2ᵉ sem. 1830, 2ᵉ partie,
                        sér. 9, *Bull.* 30, p. 581.

O. 30 janvier 1831..   Autorisation de l'établissement d'une gare sur le chemin de fer de Saint-
                        Étienne à Lyon. — 1ᵉʳ sem. 1831, sér. 9, 2ᵉ partie, *Bull.* 47, p. 162.

O. 27 avril 1831...   Déterminant une partie du tracé du chemin de fer de Saint-Étienne à
                        Lyon. — 1ᵉʳ sem. 1831, sér. 9, 2ᵉ partie, *Bull.* 75, p. 644.

O. 16 septembre 1831.   Tarif à percevoir sur le chemin de fer de Saint-Étienne à Lyon (prorogé
                        par arrêté du 2 octobre 1841). — 2ᵉ sem. 1831, sér. 9, 2ᵉ partie,
                        Bull. 107, p. 315.

L. 29 juin 1833.....   Approuvant l'adjudication passée pour l'exécution d'un chemin de fer
                        d'Alais à Beaucaire (Gard). — 1833. — Lois. — sér. 9, *Bull.* 108,
                        p. 346.

O. 21 juillet 1833...   Raccordement du chemin de fer de Saint-Étienne à Andrézieux avec
                        celui d'Andrézieux à Roanne; tarif pour la partie commune. —
                        2ᵉ sem. 1833, sér. 9, 2ᵉ partie, 1ʳᵉ section, *Bull.* 243, p. 51.

O. 19 octobre 1835.   Tracé du chemin de fer d'Alais à Beaucaire, 2ᵉ sem. 1835, sér. 9,
                        2ᵉ partie, 1ʳᵉ section, *Bull.* 391, p. 363.

O. 12 mai 1836.....   Autorisation et concession d'un chemin de fer d'Alais à la Grand'Combe
                        (Gard); texte du cahier des charges. — 1ᵉʳ sem. 1836, sér. 9,
                        Bull. 434, p. 337.

L. 9 juillet 1836...   Autorisation et concession d'un chemin de fer de Montpellier à Cette ;
                       texte du cahier des charges. — 2ᵉ sem. 1836, sér. 9, *Bull.* 444,
                       p. 128.

L. 17 juillet 1837...   Approuvant les conventions passées avec la compagnie des mines de la
                        Grand'Combe et des chemins de fer du Gard, relativement à un prêt
                        de l'État ; texte des conventions. — 2ᵉ sem. 1837, sér. 9, *Bull.* 524,
                        p. 213.

  Chambre des députés. Présentation : *Mon.* du 9 mai ; rapport par M. d'Harcourt :
  Mon. du 24 mai ; discussion et adoption : *Mon.* du 27 mai.
  Chambre des pairs. Présentation : *Mon.* du 9 juillet ; discussion et adoption :
  Mon. du 13 juillet.

O. 4 juillet 1838...   Autorisation de la compagnie du chemin de fer de Montpellier à Cette ;
                       texte des statuts. — 2ᵉ sem. 1838, suppl. sér. 9, *Bull.* 378, p. 17.

L. 7 juillet 1838...   Concession d'un chemin de fer de Paris à Orléans, avec embranchement
                       sur Corbeil, Pithiviers et Arpajon ; texte du cahier des charges. —
                       2ᵉ sem. 1838, sér. 9, *Bull.* 587, p. 56.

  Chambre des députés. Présentation : *Mon.* du 27 mai ; rapport par M. Vivien :
  Mon. du 15 juin ; discussion et adoption : *Mon.* du 17 juin.
  Chambre des pairs. Présentation : *Mon.* du 22 juin ; rapport par M. le comte
  Daru : *Mon.* du 5 juillet ; adoption : *Mon.* du 6 juillet.

L. 15 juillet 1840.   Relative à divers chemins de fer..... autorisant un prêt en faveur de
                      la compagnie du chemin de fer d'Andrézieux à Roanne, et crédit ou-
                      vert ; sommes affectées au chemin de fer de Montpellier à Nîmes. —
                      2ᵉ sem. 1840, sér. 9, *Bull.* 753, p. 235.

  Chambre des députés. Présentation : *Mon.* du 8 avril ; rapport par M. G. de
  Beaumont : *Mon.* du 4 juin ; discussion et adoption : *Mon.* des 11, 12, 13, 14,
  16 et 17 juin.
  Chambre des pairs. Présentation : *Mon.* du 24 juin ; rapport par le baron Dupin : *Mon.* du 4 juillet ; discussion et adoption : *Mon.* du 5 juillet.

O. 9 août 1840....   Modification du tracé du chemin de fer de Saint-Étienne à Andrézieux.
                     2ᵉ sem. 1840, sér. 9, *Bull.* 762, p. 456.

O. 7 septembre 1840. Établissement d'une seconde voie sur une partie du chemin de fer de
                      Saint-Étienne à Lyon. — 2ᵉ sem. 1840, sér. 9, *Bull.* 774, p. 669.

O. 19 mai 1841.....   Autorisation et reconstitution de la compagnie du chemin de fer de la
                      Loire (Andrézieux à Roanne) ; texte des statuts. — 1ᵉʳ sem. 1841,
                      suppl. sér. 9, *Bull.* 541, p. 621.

O. 28 septembre 1841. Approuvant une convention passée avec la compagnie du chemin de fer
de la Loire (Andrézieux à Roanne) pour la réalisation du prêt de
l'État. — 2ᵉ sem. 1841, sér. 9, *Bull.* 856, p. 331.

L. 11 juin 1842.... Relative à l'établissement de grandes lignes de chemins de fer de Paris
sur la Méditerranée, par Lyon, Marseille et Cette ; de la Méditerra-
née sur le Rhin, par Lyon, Dijon, Mulhouse ; de l'Océan sur la Méditerranée, par Bordeaux et Marseille ; conditions d'exécution ; allocations et crédits pour les sections de Dijon à Châlon et d'Avignon à
Marseille. — 1ᵉʳ sem. 1842, sér. 9, *Bull.* 914, p. 481.

Chambre des députés. Présentation : *Mon.* du 8 février ; rapport par M. Dufaure : *Mon.* des 17 et 19 avril ; discussion et adoption : *Mon.* des 27, 28, 29 et
30 avril ; 3, 4, 5, 6, 7, 8, 10, 11, 12 et 13 mai.
Chambre des pairs. Présentation : *Mon.* du 14 mai ; rapport par M. le comte de
Gasparin : *Mon.* du 27 mai ; discussion et adoption : *Mon.* des 31 mai, 1ᵉʳ, 2, 3
et 4 juin.

L. 24 juillet 1843.. Concession d'un chemin de fer de Marseille à Avignon ; subvention et
conditions diverses ; crédits ; texte du cahier des charges ; acceptation
par la compagnie. — 2ᵉ sem. 1843, sér. 9, *Bull.* 1025, p. 86.

Chambre des députés. Présentation : *Mon.* du 4 avril ; rapport par M. Vivien :
Mon. du 18 juin ; discussion et adoption : *Mon.* des 4, 5 et 6 juillet.
Chambre des pairs. Présentation : *Mon.* du 11 juillet ; rapport par M. le comte
Daru : *Mon.* du 19 juillet ; discussion et adoption : *Mon.* du 24 juillet.

O. 29 août 1843.... Autorisation de la compagnie du chemin de fer de Marseille à Avignon ;
texte des statuts. — 2ᵉ sem. 1843, suppl. sér. 9, *Bull.* 679,
p. 169.

O. 27 janvier 1844.. Modification du tracé du chemin de fer de Saint-Étienne à Andrézieux.
— 1ᵉʳ sem. 1844, sér. 9, *Bull.* 1081, p. 185.

L. 7 juillet 1844... Autorisant la mise en adjudication d'un chemin de fer de Montpellier à
Nîmes ; texte du cahier des charges. — 2ᵉ sem. 1844, sér. 9, *Bull.* 1111,
p. 53.

Chambre des députés. Présentation : *Mon.* du 8 avril ; rapport par M. de Beaumont : *Mon.* du 4 juin ; discussion et adoption : *Mon.* des 11, 12, 13, 14, 16 et
17 juin.
Chambre des pairs. Présentation : *Mon.* du 24 juin ; rapport par M. le baron
Dupin : *Mon.* du 4 juillet ; discussion et adoption : *Mon.* du 5 juillet.

L. 26 juillet 1844... Allocations et crédits pour les sections du chemin de fer de Paris à la

Méditerranée, entre Paris et Dijon et entre Châlon et Lyon. —
2ᵉ sem. 1844, sér. 9, *Bull.* 1120, p. 176.

> Chambre des députés. Présentation : *Mon.* du 4 avril; rapport par M. de la
> Tournelle : *Mon.* du 6 juin; discussion et adoption : *Mon.* des 20, 21, 22, 23,
> 25 et 26 juin.
>
> Chambre des pairs. Présentation : *Mon.* du 30 juin; rapport par M. Teste :
> *Mon.* du 10 juillet; discussion et adoption : *Mon.* des 12, 13 et 14 juillet.
>
> Retour à la chambre des députés. *Mon.* du 17 juillet; rapport par M. de la
> Tournelle : *Mon.* du 17 juillet; discussion et adoption : *Mon.* du 18 juillet.

L. 26 juillet 1844.... Prolongement du chemin de fer du Centre sur Clermont; dispositions
diverses; 2ᵉ sem. 1844, sér. 9, *Bull.* 1119, p. 145.

> Chambre des députés. Présentation : *Mon.* du 3 mars; rapport par M. Lanyer,
> *Mon.* du 22 juin; discussion et adoption : *Mon.* du 30 juin.
>
> Chambre des pairs. Présentation : *Mon.* du 5 juillet; rapport par M. Persil;
> *Mon.* du 20 juillet; discussion et adoption : *Mon.* du 23 juillet.

O. 22 septembre 1844. Crédit pour surveillance de la ligne d'Avignon à Marseille. — 2ᵉ sem.
1844, sér. 9, *Bull.* 1142, p. 607.

O. 1ᵉʳ novembre 1844. Approuvant l'adjudication passée pour la concession du chemin de fer
de Montpellier à Nîmes. Texte de la soumission. — 2ᵉ sem. 1844,
sér. 9, *Bull.* 1149, p. 712.

O. 5 décembre 1844. Crédit pour surveillance de la ligne d'Avignon à Marseille. — 2ᵉ sem.
1844, sér. 9, *Bull.* 1163, p. 1191.

O. 22 avril 1845... Autorisation de la compagnie du chemin de fer de Montpellier à Nîmes.
Texte des statuts. — 1ᵉʳ sem. 1845, suppl. sér. 9, *Bull.* 777,
p. 609.

L. 16 juillet 1845.. Autorisant la concession du chemin de fer de Paris à Lyon. Crédit pour
la section de Dijon à Châlon. — 2ᵉ sem. 1845, sér. 9, *Bull.* 1223,
p. 204.

> Chambre des députés. Présentation : *Mon.* du 18 mars; rapport par M. Dufaure :
> *Mon.* du 1ᵉʳ juin; discussion et adoption : *Mon.* des 6, 7 et 8 juin.
>
> Chambre des pairs. Présentation : *Mon.* du 17 juin; rapport par M. Bérenger de
> la Drôme : *Mon.* du 9 juillet; discussion et adoption : *Mon.* des 12 et 13 juillet.

L. 19 juillet 1845... Autorisant la concession de l'embranchement d'Aix. — 2ᵉ sem. 1845,
sér. 9, *Bull.* 1226, p. 368.

O. 18 septembre 1845. Crédit pour la surveillance de la ligne d'Avignon à Marseille. — 2ᵉ sem.
1845, sér. 9, *Bull.* 1244, p. 617.

L. 21 juin 1846..... Autorisation de concéder les chemins de fer de Dijon à Besançon, avec embranchement sur Gray et de Dole à Salins. Texte du cahier des charges. — 2ᵉ sem. 1846, sér. 9, *Bull.* 1313, p. 305.

> Chambre des députés. Présentation : *Mon.* du 14 juin 1843; rapport par M. le général Bellonet : *Mon.* du 24 août.
> Reprise : *Mon.* du 13 janvier 1846; rapport supplémentaire : *Mon.* du 23 avril; discussion et adoption : *Mon.* des 6 et 7 mai.
> Chambre des pairs. Présentation : *Mon.* du 10 mai; rapport par M. le président Legagneur : *Mon.* du 11 juin; discussion et adoption : *Mon.* du 12 juin.

L. 21 juin 1846..... Crédits pour la section du Bec-d'Allier à Clermont (Centre), avec embranchement sur Nevers. — 2ᵉ sem. 1846, sér. 9, *Bull.* 1312, p. 281.

> Chambre des députés. Présentation : *Mon.* du 19 avril; rapport par M. Dessauret : *Mon.* du 6 mai; discussion et adoption : *Mon.* des 8, 9 et 16 mai.
> Chambre des pairs. Présentation : *Mon.* du 30 mai; rapport par M. le baron de Barante : *Mon.* du 30 mai; discussion et adoption : *Mon.* du 9 juin.

L. 3 juillet 1846..... Crédit pour les travaux du chemin de fer de Montpellier à Nîmes. — 2ᵉ sem. 1846, sér. 9, *Bull.* 1313, p. 342.

> Chambre des députés. Présentation : *Mon.* du 24 mars; rapport par M. de Labaume : *Mon.* du 5 mai; discussion et adoption : *Mon.* du 18 juin.
> Chambre des pairs. Présentation : *Mon.* du 21 juin; rapport par M. le marquis de Gouvion-Saint-Cyr : *Mon.* du 27 juin; discussion et adoption : *Mon.* du 13 juillet.

O. 8 octobre 1846... Établissement de trois ports secs sur le chemin de fer de Saint-Étienne à Lyon. — 1ᵉʳ sem. 1847, sér. 9, *Bull.* 1368, p. 267.

L. 9 août 1847...... Allocations et crédits pour les travaux de la ligne d'Avignon à Marseille. — 2ᵉ sem. 1847, sér. 9, *Bull.* 1412, p. 529.

> Chambre des députés. Présentation : *Mon.* du 21 mai; rapport par M. Pascalis : *Mon.* du 22 juin; discussion et adoption : *Mon.* des 16 et 17 juillet.
> Chambre des pairs. Présentation : *Mon.* du 24 juillet; rapport par M. le comte Daru : *Mon.* du 29 juillet; adoption : *Mon.* des 30 et 31 juillet.

O. 11 septembre 1847. Crédits pour les travaux du chemin de fer à la traversée de Lyon. — 2ᵉ sem. 1847, sér. 9, *Bull.* 1420, p. 704.

O. 13 novembre 1847. Autorisant un emprunt de la compagnie du chemin de fer de Marseille à Avignon. Texte de la délibération des actionnaires. — 2ᵉ sem. 1847, suppl. sér. 9, *Bull.* 927, p. 485.

D. 17 août 1848[1]....   L'État prend possession du chemin de fer de Paris à Lyon. Dispositions diverses. — 2ᵉ sem. 1848, sér. 10, *Bull.* 62, p. 219.

> Assemblée nationale. Présentation : *Mon.* du 6 août; rapport par M. V. Lefranc; *Mon.* du 13 août; discussion et adoption : *Mon.* des 16, 17 et 18 août.

D. 17 novembre 1848.   Autorisant l'exploitation d'une section du chemin de fer de Paris à Lyon par la compagnie du chemin de fer de Montereau à Troyes. — 2ᵉ sem. 1848, sér. 10, *Bull.* 92, p. 652.

> Assemblée nationale. Présentation : *Mon.* du 7 novembre; rapport par M. V. Lefranc : *Mon.* du 15 novembre; discussion et adoption : *Mon.* du 18 novembre.

A. 21 novembre 1848.   Plaçant sous le séquestre la ligne de Marseille à Avignon. — 2ᵉ sem. 1848, sér. 10, *Bull.* 96, p. 693.

L. 4 décembre 1848.   Autorisant la concession de l'embranchement de Nevers à la compagnie du chemin de fer du Centre[2]. — 2ᵉ sem. 1848, sér. 10, *Bull.* 99, p. 707.

> Assemblée nationale. Présentation : *Mon.* du 5 novembre; rapport par M. Brunet : *Mon.* du 23 novembre; discussion et adoption : *Mon.* du 5 décembre.

L. 2 février 1849...   Crédits pour les travaux de la ligne de Marseille à Avignon. Dispositions diverses et exécution de l'embranchement de la Joliette. — 1ᵉʳ sem. 1849, sér. 10, *Bull.* 123, p. 163.

> Assemblée nationale. Présentation : *Mon.* du 30 décembre 1848; rapport par

---

CHEMIN DE FER DE PARIS A LYON

ANCIENNE COMPAGNIE.

L. 16 juillet 1845......   Autorisant l'adjudication du chemin de fer de Paris à Lyon et la concession d'un raccordement de Corbeil à Melun. Texte du cahier des charges. — 2ᵉ sem. 1845, sér. 9, *Bull.* 1123, p. 204.

O. 31 décembre 1845...   Approuvant l'adjudication passée pour la concession du chemin de fer de Paris à Lyon. Texte de la soumission. — 2ᵉ sem. 1845, sér. 9, *Bull.* 1265, p. 1451.

O. 1ᵉʳ mars 1846......   Approbation de la compagnie du chemin de fer de Paris à Lyon. Texte des statuts. — 1ᵉʳ sem. 1846, suppl. sér. 9, *Bull.* 831, p. 349.

L. 9 août 1847......   Modification de la concession. Texte des modifications. — 2ᵉ sem. 1847, sér. 9, *Bull.* 1413, p. 539.

O. 11 septembre 1847..   Approuvant une convention passée pour la réalisation des dispositions précédentes. Texte de la convention. — 2ᵉ sem. 1847, sér. 9, *Bull.* 1419, p. 677.

D. 4 septembre 1848...   Délai accordé aux actionnaires pour leur versement. — 2ᵉ sem. 1848, sér. 10, *Bull.* 68, p. 273.

C. 9 décembre 1848....   Convention passée pour la réalisation de la concession.

M. Victor Lefranc : *Mon.* du 26 janvier 1849 ; discussion et adoption : *Mon.* du 3 février.

A. 6 mai 1849 . . . . . Approuvant une modification des statuts de la compagnie du chemin de fer de Saint-Étienne à Andrézieux. Texte de la modification. — 1ᵉʳ sem. 1849, suppl. sér. 10, *Bull.* 63, p. 712.

L. 7 mai 1849 . . . . . Crédit pour la liquidation des travaux du chemin de fer de Montpellier à Nîmes. — 1ᵉʳ sem. 1849, sér. 10, *Bull.* 160, p. 422.

L. 10 mai 1849 . . . . Autorisant l'exploitation, par l'État, des parties terminées du chemin de fer de Paris à Lyon. Dispositions diverses et crédits. — 1ᵉʳ sem. 1849, sér. 10, *Bull.* 161, p. 435; *errata* : p. 543.

Assemblée nationale. Présentation : *Mon.* du 1ᵉʳ mai; rapport par M. Emmery : *Mon.* du 9 mai; adoption : *Mon.* du 11 mai.

L. 8 août 1849 . . . . Crédit pour les travaux du chemin de fer entre Paris et Châlon. — 2ᵉ sem. 1849, sér. 10, *Bull.* 186, p. 145.

Assemblée nationale. Présentation : *Mon.* du 12 juin; rapport par M. Lestiboudois : *Mon.* du 6 août; discussion et adoption : *Mon.* du 9 août.

L. 23 octobre, 10 et 19 novembre 1849. Autorisant une garantie d'intérêt sur le capital de la compagnie du chemin de fer de Marseille à Avignon. — 2ᵉ sem. 1849, sér. 10, *Bull.* 212, p. 454.

Assemblée nationale. Présentation : *Mon.* du 29 juillet; rapport par M. P. de Chasseloup-Laubat : *Mon.* du 28 septembre; première lecture : *Mon.* du 24 octobre; 2ᵉ lecture : *Mon.* des 9, 10 et 11 novembre; 3ᵉ lecture et adoption : *Mon.* du 20 novembre.

D. 10 mai 1850 . . . . Autorisant la compagnie du chemin de fer de Marseille à Avignon à contracter un emprunt. — 1ᵉʳ sem. 1850, sér. 10, *Bull.* 259, p. 535.

D. 13 mai 1850 . . . . Approuvant une convention passée avec la compagnie du chemin de fer de Marseille à Avignon, relativement à la garantie d'intérêt et l'émission d'un emprunt. Texte de la convention. — 1ᵉʳ sem. 1850, sér. 10, *Bull.* 259, p. 536.

D. 2 septembre 1850. Déterminant les justifications financières à présenter par la compagnie du chemin de fer de Marseille à Avignon. — 2ᵉ sem. 1850, sér. 10, *Bull.* 307, p. 422.

L. 6 août 1851 . . . . . Crédit pour les travaux du chemin de fer de Paris à Lyon et à la Méditerranée. — 2ᵉ sem. 1851, sér. 10, *Bull.* 431, p. 213.

Assemblée nationale. Présentation : *Mon.* du 4 août; avis de la commission du

budget : *Mon.* du 3 août; rapport par M. Gasc : *Mon.* du 5 août; discussion et
adoption : *Mon.* des 6 et 7 août.

L. 26 novembre 1851. Crédit pour les travaux du chemin de fer de Paris à Lyon. — 2ᵉ sem.
1851, sér. 10, *Bull.* 463, p. 975.

   Assemblée nationale. Présentation : *Mon.* du 10 avril; rapport par M. Dufaure :
Mon. du 26 juillet; discussion et adoption : *Mon.* du 27 novembre.

L. 1ᵉʳ décembre 1851. Autorisant l'adjudication du chemin de fer de Lyon à Avignon[1]. Conditions diverses. Texte du cahier des charges. — 2ᵉ sem. 1851, sér. 10,
Bull. 466, p. 1003.

   Assemblée nationale. Présentation : *Mon.* du 4 mai; rapport par M. Dufaure :
Mon. du 26 juillet; 2ᵉ rapport par M. Dufaure : *Mon.* du 5 août; discussion et
adoption : *Mon.* des 26, 27, 28, 29 et 30 novembre et 2 décembre.

D. 9 décembre 1851. Modification du précédent cahier des charges. — 2ᵉ sem. 1851, sér. 10,
Bull. 466, p. 1024.

D. 16 décembre 1851. Modification du précédent cahier des charge. — 2ᵉ sem. 1851, sér. 10,
Bull. 470, p. 1125.

D. 3 janvier 1852... Approuvant la concession du chemin de fer de Lyon à Avignon. Texte
de l'adjudication. — 1ᵉʳ sem. 1852, sér. 10, *Bull.* 478, p. 32.

D. 5 janvier 1852.. Autorisant la concession du chemin de fer de Paris à Lyon. Texte

---

CHEMIN DE FER DE LYON A AVIGNON.

ANCIENNE COMPAGNIE.

L. 19 juillet 1845.... Autorisant à procéder à l'adjudication du chemin de fer de Lyon à Avignon, avec embranchement sur Grenoble..... Cahier des charges pour l'établissement du chemin de
fer de Lyon à Avignon et de l'embranchement de Grenoble. — 2ᵉ sem. 1845, sér. 9,
Bull. 1223, p. 104.
   Chambre des députés. Présentation : *Mon.* de 13 mars; rapport par M. Dufaure : *Mon.* du 1ᵉʳ juin; discussion
et adoption : *Mon.* des 6, 7 et 8 juin.
   Chambre des pairs. Présentation : *Mon.* du 17 juin; rapport par M. Bérenger (de la Drôme) : *Mon.* du
2 juillet; discussion et adoption : *Mon.* des 12 et 13 juillet.

D. 11 juin 1846..... Approuvant l'adjudication passée pour la concession du chemin de fer de Lyon à Avignon
avec embranchement sur Grenoble. Texte de la soumission des adjudicataires. — 1ᵉʳ sem.
1846, sér. 9, *Bull.* 1301, p. 418.

D. 2 janvier 1847.... Autorisation de la société anonyme formée sous la dénomination de *Compagnie du chemin
de fer de Lyon à Avignon;* approbation des statuts. Texte des statuts. — 1ᵉʳ sem. 1847,
suppl. sér. 9, *Bull.* 887, p. 161.

D. 6 mars 1853...... Restitution amiable à l'ancienne compagnie du chemin de fer de Lyon à Avignon..... de
la moitié de son cautionnement. — 1ᵉʳ sem. 1853, sér. 11, *Bull.* 28, p. 394.

du cahier des charges. — 1er sem. 1852, sér. 10, *Bull.* 482, p. 118.

D. 5 janvier 1852... Approuvant la convention passée avec la compagnie pour la concession du chemin de fer de Paris à Lyon. Texte de la convention. — 1er sem. 1852, sér. 10, *Bull.* 482, p. 138.

D. 9 janvier 1852... Somme affectée à la garantie d'intérêt de la compagnie de Marseille à Avignon. — 1er sem. 1852, sér. 10, *Bull.* 478, p. 44.

D. 22 janvier 1852.. Crédit pour les travaux du chemin de fer de Lyon à Avignon. — 1er sem. 1852, sér. 10, *Bull.* 486, p. 202.

D. 12 février 1852... Autorisant la concession d'un chemin de fer de Dijon à Besançon avec embranchement sur Gray. Texte du cahier des charges. — 1er sem. 1852, sér. 10, *Bull.* 494, p. 393.

D. 12 février 1852.. Autorisant la concession d'un chemin de fer de Dole à Salins. Texte du cahier des charges. — 1er sem. 1852, sér. 10, *Bull.* 494, p. 415.

D. 12 février 1852.. Approuvant une convention passée pour la concession du chemin de fer de Dijon à Besançon avec embranchement sur Gray. Texte de la convention. — 1er sem. 1852, sér. 10, *Bull.* 494, p. 412.

D. 12 février 1852.. Approuvant une convention passée pour la concession du chemin de fer de Dole à Salins. Texte de la convention. — 1er sem. 1852, sér. 10, *Bull.* 494, p. 433.

D. 20 mars 1852... Autorisation de la compagnie du chemin de fer de Paris à Lyon. Texte des statuts. — 1er sem. 1852, suppl. sér. 10, *Bull.* 236, p. 321.

D. 24 mars 1852... Déterminant les distances applicables à certains tarifs du chemin de fer de Saint-Étienne à Lyon. — 1er sem. 1852, sér. 10, *Bull.* 531, p. 1282.

D. 27 mars 1852... Autorisation de la compagnie du chemin de fer de Lyon à Avignon. Texte des statuts. — 1er sem. 1852, suppl. sér. 10, *Bull.* 234, p. 289.

D. 27 mars 1852... Approuvant une convention passée avec la compagnie du chemin de fer d'Orléans pour diverses concessions et notamment le prolongement de la ligne du Centre sur Clermont et sur Roanne. Texte de la convention. — 1er sem. 1852, sér. 10, *Bull.* 520, p. 1071.

L. 8 juillet 1852... Approuvant une convention passée avec la compagnie du chemin de fer de Lyon à Avignon pour la fusion des compagnies de chemins de fer de Montpellier à Cette, à Nîmes; de Marseille à Avignon, et des chemins de fer du Gard, ainsi que pour la concession d'un chemin de fer de Marseille à Toulon et d'un embranchement sur Aix. Texte de la convention et du cahier des charges. Conventions avec les compagnies fusionnées. — 2ᵉ sem. 1852, sér. 10, *Bull.* 558, p. 105.

Corps législatif. Présentation : *Mon.* du 23 juin; rapport par M. de Morny : *Mon.* du 27 juin; discussion et adoption : *Mon.* du 29 juin.

D. 28 juillet 1852 . . Déterminant le mode des justifications à présenter par la compagnie des chemins de fer de Lyon à Avignon. — 2ᵉ sem. 1852, sér. 10, *Bull.* 573, p. 423.

D. 5 août 1852 . . . . Levée du séquestre du chemin de fer de Marseille à Avignon. — 2ᵉ sem. 1852, sér. 10, *Bull.* 573, p. 434.

D. 31 août 1852 . . . Déterminant le mode des justifications à présenter par la compagnie du chemin de fer de Dijon à Besançon. — 2ᵉ sem. 1852, sér. 10, *Bull.* 573, p. 480.

D. 11 septembre 1852. Statuts de la compagnie de Dijon à Besançon. — 2ᵉ sem. 1852, suppl. sér. 19, *Bull.* 271, p. 399.

D. 18 octobre 1852 . Approuvant une convention passée pour la garantie d'intérêt du chemin de fer de Dole à Salins. Texte de la convention. — 2ᵉ sem. 1852, sér. 10, *Bull.* 591, p. 769.

D. 18 novembre 1852. Approuvant la modification des statuts de la compagnie du chemin de fer de Lyon à Avignon, et sa nouvelle dénomination de *Compagnie du chemin de fer de Lyon à la Méditerranée*. Texte des statuts. — 2ᵉ sem. 1852, suppl. sér. 10, *Bull.* 283, p. 741.

D. 8 décembre 1852. Approuvant une convention passée avec la compagnie du chemin de fer de Dijon à Besançon relativement à la garantie d'intérêt. Texte de la convention. 1ᵉʳ sem. 1853, sér. 11, *Bull.* 5, p. 61.

D. 21 avril 1853 . . . Approuvant une convention passée pour la concession de diverses lignes (Grand-Central), notamment Clermont à Lempdes, et, éventuellement, de sections dirigées de Saint-Étienne vers Bordeaux, etc. Texte de la convention et du cahier des charges. — 1ᵉʳ sem. 1853, sér. 11, *Bull.* 45, p. 690.

D. 30 avril 1853 . . . . Approuvant une convention passée pour la concession d'un chemin de fer de Lyon à la frontière de Genève, avec embranchement sur Bourg et Mâcon. Texte de la convention. — 1er sem. 1853, sér. 11, *Bull.* 65, p. 1305.

D. 7 mai 1853...... Approuvant une convention passée pour la concession d'un chemin de fer de Saint-Rambert à Grenoble. Texte de la convention — 1er sem. 1853, sér. 11, *Bull.* 66, p. 1313.

Du 9 mai 1853..... Approuvant une convention passée avec la compagnie du chemin de fer de Paris à Lyon, pour la réalisation de la garantie d'intérêt. Texte de la convention. — 1er sem. 1853, sér. 11, *Bull.* 47, p. 769.

D. 9 mai 1853..... Déterminant le mode des justifications à présenter par la compagnie du chemin de fer de Dijon à Besançon. — 1er sem. 1853, sér. 11, *Bull.* 47, p. 771.

D. 17 mai 1853..... Approuvant une convention passée pour la réunion en une entreprise et la concession des lignes de Saint-Étienne à Andrézieux et à Lyon et d'Andrézieux à Roanne, sous le nom de *Chemins de fer de jonction de Rhône-et-Loire*. — 2e sem. 1853, sér. 11, *Bull.* 74, p. 142.

L. 10 juin 1853.... Approuvant certains articles de la convention et du cahier des charges de la concession précitée des chemins de fer de jonction de Rhône-et-Loire. Texte de la convention et du cahier des charges. — 1er sem. 1853, sér. 11, *Bull.* 59, p. 1149.

Corps législatif. Présentation : rapport par M. de Kervéguen; adoption : Mon. des 17, 24 et 28 mai.

L. 10 juin 1853.... Approuvant certains articles du cahier des charges de la concession du chemin de fer de Lyon à Genève. Texte du cahier des charges — 1er sem. 1853, sér. 11, *Bull.* 59, p. 1129.

Corps législatif. Présentation : rapport par M. de Voize; adoption : Mon. des 6, 7, 21 et 27 mai.

L. 10 juin 1853.... Approuvant certains articles du cahier des charges du chemin de fer de Saint-Rambert à Grenoble. Texte du cahier des charges. — 1er sem. 1853, sér. 11, *Bull.* 59, p. 1173.

Corps législatif. Présentation : Mon. du 7 mai, suppl. D; rapport par M. Morin, Mon. du 24, suppl. M. Mon. du 29.

D. 16 juin 1853..... Approuvant une modification des statuts de la compagnie du chemin de fer de Saint-Étienne à Lyon. Texte de la modification. — 1er sem. 1853, suppl. sér. 11, *Bull.* 26, p. 858.

D. 6 août 1853.... Autorisation de la compagnie du chemin de fer de Lyon à Genève. Texte des statuts. — 2ᵉ sem. 1853, suppl. sér. 11, *Bull.* 37, p. 398.

D. 10 août 1853.... Approuvant une modification des statuts de la compagnie du chemin de de fer de Saint-Étienne à la Loire (Andrézieux). Texte de la modification. — 2ᵉ sem. 1853, suppl. sér. 11, *Bull.* 36, p. 363.

D. 17 août 1853.... Approuvant une convention passée avec la compagnie du chemin de fer de Paris à Lyon, pour la concession d'un embranchement de la Roche à Auxerre. Texte de la convention. — 2ᵉ sem. 1853, sér. 11, *Bull.* 87, p. 403.

D. 17 août 1853.... Approuvant une convention passée avec la compagnie du chemin de fer de Dijon à Besançon, pour la concession d'un chemin de fer de Besançon à Belfort. Texte de la convention. — 2ᵉ sem. 1853, sér. 11, *Bull.* 87, p. 406.

D. 17 août 1853... Déterminant le mode des justifications à présenter par la compagnie du chemin de fer de Paris à Lyon. — 2ᵉ sem. 1853, sér. 11, *Bull.* 84, p. 345.

D. 18 août 1853..., Allocations pour les lignes de Clermont et de Nevers. — 2ᵉ sem. 1853, sér. 11, *Bull.* 84, p. 353.

D. 30 septembre 1853. Autorisation de la compagnie des chemins de fer de jonction du Rhône à la Loire. Texte des statuts. — 2ᵉ sem. 1853, suppl. sér. 11, *Bull.* 49, p. 813.

D. 26 décembre 1853. Approuvant une convention relative à la fusion des lignes de jonction de Rhône-et-Loire avec le Grand-Central. Texte de la convention. Cahier des charges supplémentaire. — 1ᵉʳ sem. 1854, sér. 11, *Bull.* 131, p. 1

D. 11 janvier 1854.. Crédit pour la subvention à la compagnie du chemin de fer de Lyon à la Méditerranée. — 2ᵉ sem. 1854, sér. 11, *Bull.* 210, p. 205.

D. 18 février 1854.. Autorisation de la compagnie du chemin de fer de Saint-Rambert à Grenoble. Texte des statuts. — 1ᵉʳ sem. 1854, suppl. sér. 11, *Bull.* 76, p. 683.

D. 20 avril 1854.... Approuvant une convention passée avec la compagnie du chemin de fer de Paris à Lyon, pour la fusion du chemin de fer de Dijon à Besançon et Belfort avec embranchement, et pour la concession d'un chemin de fer de Bourg à Dole ou Besançon par Lons-le-Saunier, et d'un chemin de fer de Châlon à Dole. Texte de la convention et du cahier des charges. — 1er sem. 1854, sér. 11, *Bull.* 177, p. 1398.

D. 19 juin 1854 . . . . Approuvant une modification des statuts de la compagnie du chemin de fer de Paris à Lyon. Texte de la modification. — 1er sem. 1854, suppl. sér. 11, *Bull.* 93, p. 1301.

D. 13 janvier 1855. . Approuvant une convention passée avec la compagnie du chemin de fer de Saint-Rambert à Grenoble relativement à la garantie d'intérêt. Texte de la convention. — 1er sem. 1855, sér. 11, *Bull.* 261, p. 185.

D. 13 janvier 1855. . Remise à la compagnie du chemin de fer de Paris à Lyon de certains terrains compris dans sa concession. — 1er sem. 1855, sér. 11, *Bull.* 278, p. 421.

D. 3 février 1855 . . . Approuvant une convention passée avec la compagnie du chemin de fer de Lyon à la Méditerranée pour l'exécution de la ligne de Marseille à Toulon. Texte de la convention. — 1er sem. 1855, sér. 11, *Bull.* 271, p. 330.

D. 24 février 1855. . Approuvant une convention passée avec la compagnie du chemin de fer de Lyon à la Méditerranée pour la réalisation de la garantie d'intérêt. Texte de la convention. — 1er sem. 1855, sér. 11, *Bull.* 275, p. 373.

D. 27 février 1855. . Approuvant une convention passée avec la compagnie du chemin de fer de Lyon à Genève relativement à la subvention de la compagnie. Texte de la convention. — 1er sem. 1855, sér. 11, *Bull.* 278, p. 416.

D. 28 février 1855. . Accordant une prorogation de délai pour l'achèvement du chemin de fer de Dole à Salins. — 1er sem. 1855, sér. 11, *Bull.* 276, p. 331.

D. 8 mars 1855 . . . . Déterminant le mode des justifications à présenter par la compagnie du chemin de fer de Saint-Rambert à Grenoble. — 1er sem. 1855, sér. 11, *Bull.* 279, p. 449.

D. 10 mars 1855 . . . Déterminant le mode des justifications à présenter par la compagnie du chemin de fer de Lyon à la Méditerranée. — 1er sem. 1855, sér. 11, *Bull.* 280, p. 475.

D. 7 avril 1855 . . . . Approuvant une convention passée avec les compagnies des chemins de fer de Paris à Lyon, d'Orléans et du Grand-Central, pour la concession des chemins de fer de Corbeil et de Moret à Nevers, de Roanne à Lyon et de l'embranchement de Vichy, formant, avec le chemin de Rhône-et-Loire, une ligne de Paris à Lyon par le Bourbonnais entreprise en commun par les compagnies. Texte de la convention et du cahier des charges. Traité entre les trois compagnies. Traité portant cession au Grand-Central de la ligne de Saint-Germain à Clermont. — 1ᵉʳ sem. 1856, sér. 11, *Bull.* 354, p. 49.

D. 7 avril 1855 . . . . Approuvant une convention passée pour la concession, à la compagnie du Grand-Central, d'une ligne de Saint-Étienne vers Bordeaux et embranchements. — 1ᵉʳ sem. 1855, sér. 11, *Bull.* 313, p. 58.

L. 2 mai 1855 . . . . . Approuvant certains articles de la convention précitée. Texte de la convention et du cahier des charges. — 1ᵉʳ sem. 1855, sér. 11, *Bull.* 292, p. 828.

    Corps législatif. Présentation, discussion et adoption ; *Mon.* des 21 mars et 19 avril.

D. 14 juillet 1855 . . Approuvant une convention passée pour la concession d'un chemin de fer des mines d'Ouguey à la ligne de Besançon. Texte de la convention et du cahier des charges. — 2ᵉ sem. 1855, sér. 11, *Bull.* 348, p. 783.

D. 3 octobre 1855 . . Autorisation de la compagnie des mines de la Grand'Combe. Texte des statuts. Garantie de l'emprunt des chemins de fer du Gard. — 2ᵉ sem. 1855, suppl. sér. 11, *Bull.* 327, p. 662.

D. 26 décembre 1855. Assainissement de certains travaux du chemin de fer de Lyon à la Méditerranée.

D. 26 décembre 1855. Approuvant une convention, passée pour la concession, au chemin de fer du Bourbonnais, d'un embranchement de Montrond à Montbrison ¹, la traversée de Roanne et rectification du chemin de fer d'Andrézieux

---

CHEMIN DE FER DE MONTBRISON A MONTROND

CONCESSION ABANDONNÉE.

L. 26 avril 1833 . . . . Autorise l'adjudication d'un embranchement du chemin de fer d'Andrézieux à Roanne sur Montbrison à Montrond. Dispositions diverses et maximum des tarifs. — Lois, sér. 9, *Bull.* 96, p. 140.

O. 16 novembre 1834. . Autorise le ministre à procéder à l'adjudication, aux conditions d'un cahier des charges. — 2ᵉ sem. 1834, sér. 9, 2ᵉ partie, 1ʳᵉ section, *Bull.* 340, p. 321.

O. 14 septembre 1835 . Approuve l'adjudication effectuée pour la concession du chemin de fer de Montbrison. — 2ᵉ sem. 1835, sér. 9, 2ᵉ partie, 1ʳᵉ section, *Bull.* 387, p. 298.

O. 31 janvier 1837 . . . Autorisation de la société anonyme du chemin de fer de Montbrison à Montrond. Approbation des statuts et texte de ceux-ci. — 1ᵉʳ sem. 1837, suppl. sér. 9, *Bull.* 264, p. 81.

à Roanne. Texte de la convention. — 1ᵉʳ sem. 1856, sér. 11, *Bull.* 354, p. 130.

D. 1ᵉʳ mars 1856..... Allocation pour la ligne de Nevers à Clermont....... — 1ᵉʳ sem. 1856, sér. 11, *Bull.* 369, p. 311.

D. 5 avril 1856..... Approuvant une convention passée avec la compagnie du chemin de fer de Paris à Lyon, pour la reprise du chemin de fer de Dole à Salins. Texte de la convention. — 1ᵉʳ sem. 1856, sér. 11, *Bull.* 383, p. 504.

L. 21 juillet 1856... Autorisant une subvention applicable à l'établissement des chemins de fer de Grenoble à Lyon et de Grenoble à Valence. — 2ᵉ sem. 1856, sér. 11, *Bull.* 415, p. 314.

> Corps législatif. Présentation : *Mon.* du 30 juin, p. 58; rapport par M. de Voize : *Mon.* du 30 juin, suppl. p. 67; adoption : *Mon.* du 3 juillet.

D. 7 mars 1857..... Approuvant une convention passée avec la compagnie du chemin de fer de Lyon à Genève, pour la fixation du tracé et la modification du cahier des charges. Texte de la convention. — 1ᵉʳ sem. 1857, sér. 11, *Bull.* 477, p. 405.

D. 18 mars 1857..... Approuvant une convention passée avec la compagnie du chemin de fer de Saint-Rambert à Grenoble, pour la concession des chemins de fer de Grenoble à Lyon et de Grenoble à Valence. Texte de la convention. — 1ᵉʳ sem. 1857, sér. 11, *Bull.* 479, p. 420.

D. 19 juin 1857..... Approuvant une convention passée avec les compagnies des chemins de fer de Paris à Lyon et de Lyon à la Méditerranée pour la fusion des deux entreprises, la reprise d'une partie du chemin de fer Grand-Central (entre Saint-Germain, Clermont, le Puy et Saint-Étienne); la reprise du Bourbonnais, de Lyon à Genève; et pour la concession, à la compagnie de Paris à Lyon et à la Méditerranée, des chemins de fer de Nevers et de Moulins vers Chagny, de Châtillon vers Montbard, d'un embranchement sur la Suisse et d'un embranchement sur Audincourt, et éventuellement des chemins de fer de Brioude vers Alais, de Toulon à Nice, d'Avignon à Gap, etc. Texte de la convention et du cahier des charges. Traités divers entre les deux compagnies et avec les compagnies d'Orléans, du Grand-Central et de Lyon à Genève. — 1ᵉ sem. 1857, sér. 11, *Bull.* 522, p. 275.

L. 19 juin 1857 ... Approuvant certains articles de la convention précitée relative au chemin de fer de Paris à Lyon et à la Méditerranée. — 2ᵉ sem. 1857, sér. 11, *Bull.* 522, p. 242.

Corps législatif. Présentation et exposé des motifs : annexes I et K ; rapport par
M. Lequien : annexe N ; discussion et adoption : *Mon.* du 28 mai.

L. 19 juin 1857.... Autorisant la ville d'Aix à s'imposer pour subvention à la compagnie de
Paris à Lyon et à la Méditerranée. — 2ᵉ sem. 1857, sér. 11, *Bull.* 512,
p. 1252.

D. 3 juillet 1857... Autorisation de la compagnie des chemins de fer de Paris à Lyon et à la
Méditerranée. Texte des statuts. — 2ᵉ sem. 1857, suppl. sér. 11,
Bull. 400, p. 113.

D. 24 juillet 1857... Approuvant une convention passée avec la compagnie du chemin de fer
de Lyon à Genève, pour la concession d'un embranchement de Culoz
à la frontière sarde. Texte de la convention. — 2ᵉ sem. 1857, sér. 11,
Bull. 541, p. 749.

D. 5 décembre 1857. Approuvant une modification des statuts de la compagnie du chemin de
fer de Saint-Rambert à Grenoble et sa nouvelle dénomination de compagnie des chemins de fer du Dauphiné. Texte de la modification des
statuts. — 2ᵉ sem. 1857, suppl. sér. 11, *Bull.* 451, p. 1341.

D. 14 décembre 1858. Promulgation de la convention conclue avec la Sardaigne pour l'établissement d'un pont sur le Rhône. Texte du règlement annexé. — 2ᵉ sem.
1858, sér. 11, *Bull.* 654, p. 981.

D. 8 janvier 1859.... Promulgation de la convention conclue avec la Sardaigne, relativement
aux chemins de fer internationaux à Culoz, en ce qui concerne la
douane. — 1ᵉʳ sem. 1859, sér. 11, *Bull.* 660, p. 35.

D. 8 janvier 1859.... Règlement pour le transit international par chemins de fer, entre la
France et la Sardaigne. — 1ᵉʳ sem. 1859, sér. 11, *Bull.* 660, p. 39.

D. 11 juin 1859..... Approuvant une convention passée avec la compagnie de Paris à Lyon et
à la Méditerranée : pour l'approbation de la fusion de la compagnie du
Dauphiné et pour la division des lignes en ancien et nouveau réseau ;
garantie d'intérêt accordée à ce dernier ; conditions diverses. Texte de
la convention. — 2ᵉ sem. 1859, sér. 11, *Bull.* 709, p. 21.

D. 11 juin 1859.... Approuvant une convention passée avec la compagnie du Dauphiné relativement à la fusion de cette compagnie avec celle de la Méditerranée.
Texte de la convention. Texte du nouveau cahier des charges du Dauphiné. Traité entre les deux compagnies. — 2ᵉ sem. 1859, sér. 11,
Bull. 709, p. 26.

L. 11 juin 1859..... Approuvant certains articles des conventions homologuées par les deux décrets précédents. — 2ᵉ sem. 1859, sér. 11, *Bull.* 709, p. 13.

Corps législatif. Présentation : *Mon.* des 23 février et 4 mars, suppl.; rapport par M. le baron de Jouvenel : *Mon.* du 31 mai, suppl. XIV; discussion et adoption : *Mon.* des 18, 19 et 20 mai.

D. 3 août 1859..... Déclaration d'utilité publique et concession définitive d'un chemin de fer de Toulon à Nice, avec embranchement sur Draguignan, et d'un embranchement de Privas à la ligne de Lyon-Avignon avec prolongement sur Crest. — 2ᵉ sem. 1859, sér. 11, *Bull.* 725, p. 515.

D. 14 septembre 1859. Expropriation de terrains et construction d'un embranchement de la station de la Seyne à l'arsenal de Castigneau. — 2ᵉ sem. 1859, sér. 11, *Bull.* 732, p. 669.

D. 30 juin 1860.... Travaux d'endiguement aux abords d'Avignon; concours financier de la compagnie.

D. 11 juillet 1860... Fixant le tracé (et les tarifs) pour la ligne de Lyon à Grenoble au delà de Bourgoin. — 2ᵉ sem. 1860, sér. 11, *Bull.* 833, p. 369.

L. 1ᵉʳ août 1860.... Approuvant certains articles (garantie d'intérêt) de la convention passée avec la compagnie de la Méditerranée pour la concession, dans le nouveau réseau, des lignes de Besançon à Vesoul et de Besançon à Gray, et embranchement (fusion de l'embranchement d'Ougney). Texte de la convention. — 2ᵉ sem. 1860, sér. 11, *Bull.* 833, p. 366.

D. 22 août 1860.... Déclaration d'utilité publique et concession d'un chemin de fer entre le Var et Nice; augmentation du capital garanti à la compagnie. — 2ᵉ sem. 1860, sér. 11, *Bull.* 848, p. 781.

D. 31 août 1860..... Déclaration d'utilité publique et concession définitive d'un embranchement de Carpentras à la ligne de Lyon à Avignon, et dispositions relatives à l'embranchement de Privas. — 2ᵉ sem. 1860, sér. 11, *Bull.* 852, p. 826.

D. 13 février 1861... Traité entre la France et la principauté de Monaco; passage du chemin de fer de Toulon à Nice, sur le territoire de Monaco (article 5). — 1ᵉʳ sem. 1861, sér. 11, *Bull.* 907, p. 253.

D. 20 juin 1861..... Déclaration d'utilité publique et concession définitive d'un chemin de fer d'Andrézieux à Montbrison. — 2ᵉ sem. 1861, sér. 11, *Bull.* 951, p. 214.

D. 25 août 1861.....   Déclaration d'utilité publique et concession définitive d'un chemin de
                       fer d'Avignon à Gap, avec embranchements sur Aix et sur Miramas.
                       — 2ᵉ sem. 1861, sér. 11, *Bull.* 965, p. 475.

D. 25 août 1861.....   Protection de la ville de Beaucaire contre les inondations; concours
                       financier de la compagnie. — 2ᵉ sem. 1861, sér. 11, *Bull.* 991,
                       p. 995.

D. 1ᵉʳ février 1862... Approuvant une convention passée pour la concession des chemins de
                       fer de Vesoul à Gray et de Gray à Besançon; fusion de l'embranche-
                       ment d'Ougney, etc. — 1ᵉʳ sem. 1862, sér. 11, *Bull.* 1003, p. 303.

D. 9 avril 1862.....   Déclaration d'utilité publique et concession définitive d'un chemin de fer
                       de Brioude vers Alais. — 1ᵉʳ sem. 1862, sér. 11, *Bull.* 1020, p. 653.

D. 10 juillet 1862..   Tracé du chemin de fer d'embranchement de Draguignan. — 2ᵉ sem.
                       1862, sér. 11, *Bull.* 1043, p. 376.

D. 11 août 1862...   Approuvant une convention relative au payement en numéraire de la
                       subvention allouée à la compagnie. — 2ᵉ sem. 1862, sér. 11,
                       Bull. 1051, p. 590.

MIDI

ET CANAL LATÉRAL A LA GARONNE.

BORDEAUX A LA TESTE.

L. 17 juillet 1837....   Autorisant la concession d'un chemin de fer de Bordeaux à la Teste.
Texte du cahier des charges.— 2ᵉ sem. 1837, sér. 9, *Bull.* 524, p. 217.

> Chambre des députés. Présentation : *Mon.* des 4 et 5 juin; rapport par M. Laurence : *Mon.* des 2 et 23 juin; discussion et adoption : *Mon.* du 25 juin.
> Chambre des pairs. Présentation : *Mon.* du 2 juillet; rapport par M. le comte de la Villegontier : *Mon.* du 11 juillet; adoption : *Mon.* du 13 juillet.

O. 15 décembre 1837.   Approbation de l'adjudication du chemin de fer de Bordeaux à la Teste.—
Procès-verbal et soumission.— 1ᵉ sem. 1837, sér. 9, *Bull.* 551, p. 852.

O. 25 février 1838..   Autorisation de la compagnie du chemin de fer de Bordeaux à la Teste.
Texte des statuts. — 1ᵉʳ sem. 1838, suppl. sér. 9, *Bull.* 360, p. 513.

L. 1ᵉʳ août 1839....   Autorisant l'administration à modifier le cahier des charges du chemin de fer de Bordeaux à la Teste.— 2ᵉ sem. 1839, sér. 9, *Bull.* 665, p. 96.

> Chambre des députés. Présentation : *Mon.* du 5 juin; rapport par M. Tesnières : *Mon.* du 6 juillet; discussion et adoption : *Mon.* du 10 juillet.
> Chambre des pairs. Présentation : *Mon.* du 20 juillet; rapport par M. Gauthier : *Mon.* du 25 juillet; adoption : *Mon.* du 27 juillet.

L. 13 juin 1841....   Prorogation de la concession du chemin de fer de Bordeaux à La Teste.
— 1ᵉʳ sem. 1841, sér. 9, *Bull.* 820, p. 807.

> Chambre des députés. Présentation : *Mon.* du 6 avril; rapport par M. Goury : *Mon.* du 21 avril; discussion et adoption : *Mon.* du 29 avril.
> Chambre des pairs. Présentation : *Mon.* du 6 mai; rapport par M. Gauthier : *Mon.* du 23 mai; adoption : *Mon.* du 3 juin.

L. 11 juin 1842....   Relative à l'établissement de grandes lignes de chemins de fer, notamment de l'Océan sur la Méditérannée par Bordeaux, Toulouse[1] et Marseille, et de Paris sur l'Espagne, par Tours, Bordeaux et Bayonne. — 2ᵉ sem. 1842, sér. 9, *Bull.* 914, p. 481.

> Chambre des députés. Présentation : *Mon.* du 8 février; rapport par M. Dufaure : *Mon.* des 17 et 19 avril; discussion et adoption : *Mon.* des 27, 28, 29 et 30 avril, 3, 4, 5, 6, 7, 8, 10, 11, 12 et 13 mai.
>
> Chambre des pairs. Présentation : *Mon.* du 14 mai; rapport par M. le comte de Gasparin : *Mon.* du 27 mai; discussion et adoption : *Mon.* des 31 mai, 1er, 2, 3 et 4 juin.

A. 30 octobre 1848. Plaçant sous séquestre le chemin de fer de Bordeaux à la Teste. — 2ᵉ sem. 1848, sér. 10, *Bull.* 92, p. 657.

L. 7 novembre 1848. Autorisant le prélèvement des sommes nécessaires pour assurer l'exploitation du chemin de fer de Bordeaux à la Teste. — 2ᵉ sem. 1848, sér. 10, *Bull.* 92, p. 651.

> Assemblée nationale. Présentation : *Mon.* du 7 novembre; rapport par M. Guérin : *Mon.* du 15 novembre; discussion et adoption : *Mon.* du 18 novembre.

L. 1er juin 1850 .... Autorisant le prélèvement des sommes nécessaires pour asssurer l'exploitation du chemin de fer de Bordeaux à la Teste. — 1er sem. 1850, sér. 10, *Bull.* 268, p. 624.

> Assemblée nationale. Présentation : *Mon.* des 4 et 5 mars; rapport par M. Benoist d'Azy : *Mon.* du 22 mai; discussion et adoption : *Mon.* du 2 juin.

L. 8 juillet 1852 .... Autorisant la concession du chemin de fer de Bordeaux à Cette[2] et du

---

[1] O. 21 août 1851 .... Concession d'un chemin de fer de Toulouse à Montauban (extrait). — 2ᵉ sem. 1851, sér. 9, 2ᵉ partie, 1re section, *Bull.* 108, p. 339. (Concession abandonnée.)

[2]

CHEMIN DE FER DE BORDEAUX A CETTE.

ANCIENNE COMPAGNIE.

L. 21 juin 1846 .... Concession d'un chemin de fer de Bordeaux à Cette. Autorisation de la concession d'un embranchement sur Castres. Texte du cahier des charges. — 2ᵉ sem. 1846, sér. 9, *Bull.* 1307, p. 5.

O. 1er juillet 1846 .... Approuvant une convention passée pour la concession de l'embranchement de Castres. Texte de la convention et de la soumission de la compagnie. — 2ᵉ sem. 1846, sér. 9, *Bull.* 1307, p. 23.

O. 24 septembre 1846. Autorisation de la compagnie du chemin de fer de Bordeaux à Cette. Texte des statuts. — 2ᵉ sem. 1846, suppl. sér. 9, *Bull.* 862, p. 233.

A. 28 décembre 1847.. Décision du ministère des travaux publics déclarant la compagnie déchue de sa concession.

A. 21 juin 1848 ...... Décision du ministère des finances portant que le cautionnement sera acquis au Trésor public.

D. 6 mars 1853 .... Restitution amiable à l'ancienne compagnie de Bordeaux à Cette de la moitié de son cautionnement. — 1er sem. 1853, sér. 11, *Bull.* 28, p. 394.

canal latéral à la Garonne). Texte du cahier des charges. — 2ᵉ sem. 1852, sér. 10, *Bull.* 538, p. 126.

> Corps législatif. Présentation et rapport par M. Curnier : *Mon.* du 27 juin; adoption : *Mon.* du 29 juin.

D. 24 août 1852 . . . Approuvant la convention passée pour la concession du chemin de fer de Bordeaux à Cette et du canal latéral à la Garonne, ainsi que des chemins de fer (éventuels) de Bordeaux à Bayonne et de Narbonne à Perpignan (compagnie du Midi), et la prorogation de la concession de la Teste. Texte de la convention et du cahier des charges des embranchements de Bayonne et de Perpignan. — 2ᵉ sem. 1852, sér. 10, *Bull.* 573, p. 475.

D. 6 novembre 1852 . Approbation de la compagnie des chemins de fer du Midi et du canal latéral à la Garonne. Texte des statuts. — 2ᵉ sem. 1852, suppl. sér. 10, *Bull.* 281, p. 685.

D. 13 février 1853. . Virement de crédit applicable au chemin de fer de Bordeaux à Cette. — 1ᵉʳ sem. 1853, sér. 11, *Bull.* 28, p. 393.

D. 24 mars 1853 . . . Approuvant la convention passée pour la concession des chemins de fer de Bordeaux à Bayonne et de Narbonne à Perpignan (Midi). — 1ᵉʳ sem. 1853, sér. 11, *Bull.* 51, p. 947.

L. 28 mai 1853 . . . . Approuvant certains articles relatifs aux engagements du Trésor dans la convention de concession des chemins du Midi et dans le cahier des charges des embranchements de Bayonne et de Perpignan. Texte de la convention et du cahier des charges (déjà inséré au décret du 24 août 1852). — 1ᵉʳ sem. 1853, sér. 11, *Bull.* 48, p. 793.

D. 19 août 1854 . . . Approuvant une convention passée avec la compagnie du Midi, pour la concession d'un embranchement d'Agde à Pézénas et vers Lodève. Texte de la convention et cahier des charges supplémentaire. — 2ᵉ sem. 1854, sér. 11, *Bull.* 213, p. 257.

D. 18 novembre 1854. Autorisation aux compagnies des chemins de fer du Midi et du Nord d'importer des rails et tôles à certaines conditions. — 2ᵉ sem. 1854, sér. 11, *Bull.* 248, p. 1004.

---

1 L. 22 avril 1835 . . . . . . Autorise l'exécution d'un canal latéral à la Garonne. — Lois. sér. 9, *Bull.* 80, p. 517.
L. 3 juillet 1838 . . . . . . Indemnité au concessionnaire du canal. Allocation pour les travaux. — 2ᵉ sem. 1838, sér. 9, *Bull.* 584, p. 19.

D. 13 février 1855...   Approuvant une convention passée avec la compagnie des chemins de fer du Midi relativement à la subvention. Texte de la convention. — 1ᵉʳ sem. 1855, sér. 11, *Bull.* 272, p. 333.

D. 10 mars 1855...   Autorisant les nouveaux statuts de la compagnie de Bordeaux à la Teste. Texte des statuts. — 1ᵉʳ sem. 1855, suppl. sér. 11, *Bull.* 164, p. 494.

L. 21 juillet 1856...   Autorisant une subvention applicable aux chemins de fer de Toulouse à Bayonne et embranchements, et d'Agen à Tarbes et à Mont-de-Marsan. — 2ᵉ sem. 1856, sér. 11, *Bull.* 415, p. 316.

     Corps législatif. Présentation : *Mon.* du 30 juin, suppl. p. 40 ; rapport par M. Granier de Cassagnac : *Mon.* suppl. p. 67 ; discussion et adoption : *Mon.* du 3 juillet.

D. 23 octobre 1856.   Déclarant d'utilité publique l'établissement des chemins de fer de Toulouse à Bayonne avec embranchements sur Foix et Dax, d'Agen à Tarbes, et de Rabastens à Mont-de-Marsan. — 2ᵉ sem. 1856, sér. 11, *Bull.* 438, p. 839.

D. 14 avril 1857...   Approuvant une convention passée avec la compagnie du Midi, pour la concession d'un prolongement de la Teste à Arcachon, et la pose de la deuxième voie sur le chemin de la Teste. Texte de la convention. — 1ᵉʳ sem. 1857, sér. 11, *Bull.* 490, p. 683.

L. 19 juin 1857...   Approuvant les articles de la convention passée avec la compagnie d'Orléans comprenant les clauses ci-après mentionnées. — 2ᵉ sem. 1857, sér. 11, *Bull.* 522, p. 241.

D. 19 juin 1857...   Approuvant une convention passée avec la compagnie du chemin de fer de Paris à Orléans, pour la fusion du Grand-Central, etc...... clauses relatives à une subvention pour l'exécution des lignes des Pyrénées. Texte de la convention. — 2ᵉ sem. 1857, sér. 11, *Bull.* 522, p. 244.

L. 19 juin 1857...   Approuvant certains articles de la convention passée avec les compagnies de Lyon et de la Méditerranée comprenant les clauses ci-après mentionnées. — 2ᵉ sem. 1857, sér. 11, *Bull.* 522, p. 242.

D. 19 juin 1857...   Approuvant une convention passée avec les compagnies de Lyon et de la Méditerrannée, pour la fusion des entreprises, etc...... clauses relatives à une subvention pour l'exécution des lignes des Pyrénées. Texte de la convention. — 2ᵉ sem. 1857, sér. 11, *Bull.* 522, p. 275.

D. 3 juillet 1857... Approuvant une convention passée avec la compagnie du Midi, relativement à l'embranchement de Narbonne à Perpignan. Texte de la convention. — 2e sem. 1857, sér. 11, *Bull.* 525, p. 403.

D. 1er août 1857... Approuvant une convention passée avec la compagnie du Midi pour la concession des chemins de fer Pyrénéens : de Toulouse à Bayonne, avec embranchements sur Foix et Dax, d'Agen à Tarbes, de Mont-de-Marsan à Rabastens; et, pour moitié, d'un raccordement à Bordeaux ; enfin, pour la concession éventuelle d'un embranchement sur Castres et la fixation d'un embranchement de Pézénas à Clermont. Texte de la convention et du cahier des charges. — 2e sem. 1857, sér. 11, *Bull.* 544, p. 781. Convention passée avec la compagnie d'Orléans, pour le raccordement du pont de Bordeaux, annexée au décret du 1er août 1857, *Bull.* 544, p. 811.

D. 1er août 1857... Approuvant une convention passée avec la compagnie du Midi pour l'exécution des routes agricoles dans les Landes, et déclarant l'utilité publique de celles-ci [1]. Concession éventuelle de chemins à rails de bois ou de fer le long de ces routes. Texte de la convention et des cahiers des charges. — 2e sem. 1857, sér. 11. *Bull.* 544, p. 813.

D. 21 juin 1858... Approuvant une convention passée pour la sanction du traité d'affermage du canal du Midi à la compagnie des chemins de fer du Midi. Texte de la convention et du traité. — 2e sem. 1859, sér. 11, *Bull.* 713, p. 151.

D. 11 juin 1859... Approuvant une convention passée avec la compagnie du Midi : pour la concession d'une ligne de Bayonne à la frontière d'Espagne, ainsi que du prolongement jusqu'à Lodève, de l'embranchement d'Adge à Clermont ; pour la concession éventuelle d'un chemin de fer de Perpignan à Port-Vendres ; enfin pour l'approbation du traité de fusion de la compagnie de Bordeaux à la Teste [2]. Exécution des travaux par l'État sur la ligne de Toulouse à Bayonne et embranchement de Bagnères, et sur celle de Port-Vendres. Abandon par la compagnie de la subvention relative au réseau Pyrénéen et aux routes des landes. Division des lignes du Midi en ancien et nouveau réseau; garantie d'in-

---

[1] L. 19 juin 1857... Relative aux Landes de Gascogne. — 1er sem. 1857, sér. 11, *Bull.* 512, p. 1240.

[2] D. 17 octobre 1857... Concession d'un chemin de fer de Bordeaux au Verdon. — 2e sem. 1857, sér. 11, *Bull.* 560, p. 988.

D. 25 juin 1861... Résiliation de ladite concession. — 2e sem. 1861, sér. 11, *Bull.* 948, p. 65.

téret accordée à ce dernier. Conditions diverses. Texte de la convention et d'un cahier des charges supplémentaire pour les sections exécutées par l'État. — 2ᵉ sem. 1859, sér. 11, *Bull.* 709, p. 126.

L. 11 juin 1859 . . . . Approuvant certains articles de la convention homologuée par le précédent décret. — 2ᵉ sem. 1859, sér. 11, *Bull.* 709, p. 13.

 Corps législatif. Présentation : *Mon.* des 23 février et 4 mars, suppl.; rapport par M. le baron de Jouvenel : *Mon.* du 31 mai, suppl. XIV ; discussion et adoption : *Mon.* des 18, 19 et 20 mai.

L. 14 juillet 1860 . . . Autorisant la ville d'Agen à contracter un emprunt auprès de la compagnie. — 2ᵉ sem. 1860, sér. 11, *Bull.* 820, p. 75.

 Corps législatif. Exposé des motifs : *Mon.* annexe K, n° 212; rapport par M. Noubel : annexe N, n° 277; discussion et adoption : *Mon.* du 25 juin.

D. 16 janvier 1861 . . Déclaration d'utilité publique et concession définitive d'un chemin de fer de Perpignan à Port-Vendres. — 1ᵉʳ sem. 1861, sér. 11, *Bull.* 901, p. 148.

D. 1ᵉʳ février 1861 . . Crédit pour les travaux du chemin de fer de Toulouse à Bayonne . . . . — 1ᵉʳ sem. 1861, sér. 11, *Bull.* 905, p. 238.

D. 20 juin 1861 . . . . Déclaration d'utilité publique et concession définitive d'un chemin de fer d'embranchement sur Castres. — 2ᵉ sem. 1861, sér. 11, *Bull.* 951, p. 215.

L. 29 juin 1861 . . . . Crédits (obligations trentenaires) pour les travaux des chemins de fer de Toulouse à Bayonne, Perpignan à Port-Vendres, etc. . . . — 1ᵉʳ sem. 1861, sér. 11, *Bull.* 944, p. 859.

 Corps législatif. Exposé des motifs. *Mon.* du 3 juillet; rapport par M. le duc d'Albuféra : annexe D, n° 259; discussion et adoption : *Mon.* du 20 juin.

D. 4 juillet 1861 . . . Création des obligations trentenaires précitées. — 2ᵉ sem. 1861, sér. 11, *Bull.* 946, p. 5.

L. 12 février 1862 . . Conversion des rentes . . . . et des obligations trentenaires précitées. — 1ᵉʳ sem. 1862, sér. 11, *Bull.* 998, p. 105.

 Corps législatif. Exposé des motifs : *Mon.* du 29 janvier; rapport par M. Gouin : *Mon.* du 7 février; discussion et adoption : *Mon.* des 8 et 9 février.

D. 24 mai 1862 . . . . Agrandissement d'une gare sur la ligne de Bordeaux à Cette; terrains réunis à la concession. — 2ᵉ sem. 1862, sér. 11, *Bull.* 1039, p. 180.

D. 13 juillet 1862 . . Agrandissement de la gare de Rivesaltes.

CEINTURE.

(RIVE DROITE.)

D. 10 décembre 1851. Décide l'établissement et autorise la concession d'un chemin de fer de ceinture, reliant, à l'intérieur des fortifications, les gares de l'Ouest et de Rouen, du Nord, de Strasbourg, de Lyon et d'Orléans. Crédit ouvert à cet effet et dispositions diverses. — 2ᵉ sem. 1851, sér. 10, *Bull.* 470, p. 1105.

D. 11 décembre 1851. Approuvant la convention passée avec les diverses compagnies pour la concession du chemin de fer de ceinture. Texte de la convention. — 2ᵉ sem. 1851, sér. 10, *Bull.* 470, p. 1112.

D. 22 janvier 1852. Ouvre deux crédits pour les travaux du chemin de fer de ceinture. — 1ᵉʳ sem. 1852, sér. 10, *Bull.* 486, p. 202.

D. 22 janvier 1853. Portant institution du syndicat de la société formée par les compagnies du chemin de fer de ceinture. Dispositions diverses. — 1ᵉʳ sem. 1853, sér. 11, *Bull.* 27, p. 385.

D. 18 juillet 1855. Crédit représentant une somme payée par la compagnie d'Orléans pour le chemin de fer de ceinture. — 2ᵉ sem. 1855, sér. 11, *Bull.* 526, p. 257.

CHEMIN DE FER VICTOR EMMANUEL,

CONCÉDÉ PAR LES LOIS SARDES DU 29 MAI 1853 ET DU 15 AOÛT 1857,

(PARTIE FRANÇAISE.)

D. 11 juin 1860. . . .   Traité conclu avec la Sardaigne pour la cession de la Savoie à la France. Conditions relatives aux contrats passés par le gouvernement sarde et à l'exécution du tunnel du Mont-Cenis. — 1ᵉʳ sem. 1860, sér. 11, *Bull.* 803, p. 833.

D. 9 juin 1862. . . .   Convention relative aux chemins de fer entre la France et l'Italie. Construction, par l'État, du tunnel du Mont-Cenis; garantie d'intérêt de la compagnie. (Engagement de prolonger le chemin de fer de Nice jusqu'à la frontière.) — 1ᵉʳ sem. 1862, sér. 11, *Bull.* 1028, p. 873.

CHEMIN DE FER DU CHABLAIS,

CONCÉDÉ PAR LA LOI SARDE DU 13 JUIN 1857.

[COMPAGNIE DITE DE *LA LIGNE D'ITALIE*. — PARTIE FRANÇAISE.]

D. 11 juin 1860. . . . . Traité conclu avec la Sardaigne pour la cession de la Savoie à la France. Conditions relatives aux contrats passés par le gouvernement sarde. — 1ᵉʳ sem. 1860, sér. 11, *Bull.* 803, p. 833.

D. 9 juin 1862. . . . . Convention relative aux chemins de fer entre la France et l'Italie. Cautionnement de la compagnie de la ligne d'Italie. — 1ᵉʳ sem. 1862, sér. 11, *Bull.* 1028, p. 873.

GRAISSESSAC A BÉZIERS.

D. 27 mars 1852 . . . . Autorisation de procéder à la concession d'un chemin de fer de Graissessac à Béziers. Texte du cahier des charges. — 2e sem. 1852,
sér. 10, *Bull.* 591, p. 749.

D. 27 mars 1852 . . . Approuvant la convention relative à la concession ci-dessus. Texte de la
convention. — 2e sem. 1852, sér. 10, *Bull.* 591, p. 765.

D. 26 février 1853 . . Autorisant la compagnie du chemin de fer de Graissessac à Béziers. Texte
des statuts. — 1er sem. 1853, suppl. sér. 11, *Bull.* 11, p. 289.

D. 12 mai 1858 . . . . Plaçant sous séquestre le chemin de fer de Graissessac à Béziers. —
1er sem. 1858, sér. 11, *Bull.* 603, p. 1050.

D. 15 août 1858 . . . . Crédit pour l'achèvement des travaux du chemin de fer de Graissessac à
Béziers et pour son exploitation. — 2e sem. 1858, sér. 11, *Bull.* 627,
p. 214.

BESSÉGES A ALAIS.

D. 7 juin 1854.....   Approuvant une convention passée pour la concession d'un chemin de fer
de Bességes à Alais par Saint-Ambroix. Texte de la convention et
du cahier des charges. — 2ᵉ sem. 1854, sér. 11, *Bull.* 198, p. 3o.

D. 16 août 1855...   Autorisation de la compagnie du chemin de fer de Bességes à Alais.
Texte des statuts. — 2ᵉ sem. 1855, suppl. sér. 11, *Bull.* 220, p. 517.

D. 24 juin 1857...   Approuvant une convention passée pour la concession d'un chemin de
fer d'embranchement sur les houillères de Trélys. Texte de la convention et du cahier des charges. — 2ᵉ sem. 1857, sér. 11, *Bull.* 520,
p. 31.

D. 1ᵉʳ octobre 1857.   Modification des statuts de la compagnie. — 2ᵉ sem. 1857, suppl.
sér. 11, *Bull.* 424, p. 826.

ANZIN A SOMAIN.

O. 24 octobre 1835.   Autorisant la compagnie des mines d'Anzin à établir un chemin de fer de
                      Saint-Waast-le-Haut à Denain. — 2ᵉ sem. 1835, sér. 9, 2ᵉ partie,
                      1ʳᵉ section, *Bull.* 391, p. 364.

O. 24 octobre 1835.   Autorisant la compagnie des mines d'Anzin à établir un chemin de fer
                      d'Abscon à Denain. Extrait des cahiers des charges annexés à cette
                      ordonnance et à la précédente. — 2ᵉ sem. 1835, sér. 9, 2ᵉ partie,
                      1ʳᵉ section, *Bull.* 391, p. 366.

O. 17 août 1836...   Complétant le tarif pour les bestiaux sur le chemin de fer d'Abscon à
                      Denain. — 1ᵉʳ sem. 1837, sér. 9, *Bull.* 453, p. 313.

O. 17 août 1836...   Complétant le tarif pour les bestiaux sur le chemin de fer de Saint-Waast
                      à Denain. — 1ᵉʳ sem. 1837, sér. 9, *Bull.* 453, p. 315.

O. 31 janvier 1841.. Autorisant la compagnie des mines d'Anzin à prolonger, jusqu'à Anzin,
                      le chemin de fer de Saint-Waast à Denain. — 1ᵉʳ sem. 1841, sér. 9,
                      Bull. 792, p. 388.

O. 8 octobre 1846..   Autorisant la compagnie des mines d'Anzin à prolonger, jusqu'à So-
                      main, le chemin de fer d'Abscon à Denain. Tarif, etc. — 2ᵉ sem.
                      1846, sér. 9, *Bull.* 1348, p. 1021.

CARMAUX A ALBI.

D. 4 mars 1854 . . . . Approuvant une convention passée pour la concession d'un chemin de fer de Carmaux à Albi. Texte de la convention et du cahier des charges. — 1er sem. 1854, sér. 11, *Bull.* 162, p. 1023.

D. 21 avril 1860 . . . . Autorisation de la compagnie des houillères et chemins de fer de Carmaux. Texte des statuts. — 1er sem. 1860, suppl. sér. 11, *Bull.* 653, p. 794.

CHAUNY A SAINT-GOBAIN.

D. 23 avril 1856.... Approuvant une convention passée pour la concession d'un chemin de fer de Saint-Gobain à Chauny. Texte de la convention et du cahier des charges. — 2ᵉ sem. 1857, sér. 11, *Bull.* 523, p. 345.

LYON A LA CROIX-ROUSSE.

D. 26 mars 1859...   Approuvant une convention passée pour la concession d'un chemin de
             fer de Lyon à la Croix-Rousse. Texte de la convention et du cahier
             des charges. — 1er sem. 1859, sér. 11, *Bull.* 691, p. 699.

LA CROIX-ROUSSE A SATHONAY.

D. 12 janvier 1861.. Concession d'un chemin de fer de la Croix-Rousse à Sathonay. Texte du cahier des charges. — 1ᵉʳ sem. 1861, série 11, *Bull.* 905, p. 205.

D. 3 août 1861 ..... Statuts de la compagnie du chemin de fer de la Croix-Rousse à Sathonay. — 2ᵉ sem. 1861, suppl. *Bull.* 756, p. 377.

GRENOBLE À MONTMÉLIAN.

D. 1er août 1860.... Déclarant d'utilité publique l'établissement en Savoie d'un chemin de fer de Montmélian vers Grenoble.... — 2e sem. 1860, sér. 11, *Bull.* 848, p. 773.

D. 31 août 1860.... Déclarant d'utilité publique l'établissement d'un chemin de fer de Grenoble à la limite du département de la Savoie. — 2e sem. 1860, sér. 11, *Bull.* 852, p. 825.

D. 1er février 1861.. Crédits pour travaux publics, chemins de fer, etc. dans les départements savoisiens. — 1er sem. 1861, sér. 11, *Bull.* 903, p. 233.

L. 29 juin 1861.... Crédits (obligations trentenaires [1]) pour divers travaux de chemins de fer ; Grenoble à Montmélian, etc. — 1er sem. 1861, sér. 11, *Bull.* 944, p. 859.

 Corps législatif. Exposé des motifs : *Mon.* du 3 juillet ; rapport par M. le duc d'Albuféra : annexe D. n° 259 ; discussion et adoption : *Mon.* du 20 juin.

---

[1] D. 4 juillet 1861...... Création des obligations trentenaires précitées (*Bull.* 946).
L. 12 février 1862..... Conversion desdites obligations (*Bull.* 998).

ANNECY A AIX.

D. 1ᵉʳ août 1860. . . . Déclarant d'utilité publique l'établissement en Savoie d'un chemin de fer d'Annecy à Aix. . . — 2ᵉ sem. 1860, sér. 11, *Bull.* 848, p. 773.

D. 1ᵉʳ février 1861. . . . Crédits pour travaux publics, chemins de fer, etc. dans les départements savoisiens. — 1ᵉʳ sem. 1861, sér. 11, *Bull.* 905, p. 233.

L. 29 juin 1861. . . . Crédits (obligations trentenaires¹) pour divers travaux de chemins de fer : Annecy à Aix, etc. — 1ᵉʳ sem. 1861, sér. 11, *Bull.* 944, p. 859.

> Corps législatif. Exposé des motifs : *Mon.* du 3 juillet; rapport par M. le duc d'Albuféra ; annexe D, n° 259; discussion et adoption : *Mon.* du 20 juin.

---

¹ D. 4 juillet 1861. . . . . . . Création des obligations trentenaires précitées (*Bull.* 946).
  L. 12 février 1862. . . . . Conversion desdites obligations (*Bull.* 998).

THONON A COLLONGES.

D. 29 décembre 1860. Déclarant d'utilité publique l'établissement d'un chemin de fer devant relier la ligne de Genève à celle de Chablais. — 1er sem. 1861, sér. 11, *Bull.* 894, p. 35.

D. 1er février 1861... Crédits pour travaux publics, chemins de fer, etc. dans les départements savoisiens. — 1er sem. 1861, sér 11, *Bull.* 905, p. 233.

L. 29 juin 1861 .... Crédits (obligations trentenaires[1]) pour divers travaux de chemins de fer : Thonon à Collonges, etc. — 1er sem. 1861, sér. 11, *Bull.* 944, p. 859.

> Corps législatif. Exposé des motifs : *Mon.* du 3 juillet ; rapport par M. le duc d'Albuféra : annexe D, n° 259 ; discussion et adoption : *Mon.* du 20 juin.

[1] D. 4 juillet 1861 .... Création des obligations trentenaires précitées (*Bull.* 946).
L. 12 février 1862 .... Conversion desdites obligations (*Bull.* 998).

CAEN À FLERS.

L. 1ᵉʳ août 1860. . . .   Autorisant certaines subventions et garanties d'intérêts pour divers che-
                         mins de fer[1] ; Caen à Flers, etc. — 2ᵉ sem. 1860, sér. 11, *Bull.* 832,
                         p. 346.

  Corps législatif. Exposé des motifs : *Mon.* annexe L, n° 240 ; rapport par
M. Roulleaux-Dugage ; annexe R, n° 338 ; discussion et adoption : *Mon.* des 19
et 20 juillet.

D. 3 octobre 1860. .   Déclarant d'utilité publique l'exécution d'un chemin de fer de Caen à
                         Flers. — 2ᵉ sem. 1860, sér. 11, *Bull.* 858, p. 889.

D. 1ᵉʳ février 1861. .   Crédit pour les travaux du chemin de fer de Caen à Flers. — 1ᵉʳ sem.
                         1861, sér. 11, *Bull.* 905, p. 237.

---

[1] D. 4 juillet 1861. . . . . . .   Création d'obligations trentenaires (*Bull.* 946).
 L. 13 février 1862. . . . . .   Conversion desdites obligations (*Bull.* 998).

MAYENNE A LAVAL.

L. 1er août 1860....   Autorisant certaines subventions et garanties d'intérêts pour divers
chemin de fer[1] : Mayenne à Laval, etc. — 2e sem. 1860, sér. 11,
Bull. 832, p. 346.

> Corps législatif. Exposé des motifs : *Mon.* annexe L, n° 240; rapport par
> M. Roulleaux-Dugage ; annexe R, n° 338; discussion et adoption : *Mon.* des 19
> et 20 juillet.

D. 31 août 1860....   Déclarant d'utilité publique l'établissement d'un chemin de fer de Mayenne
à Laval. — 2e sem. 1860, sér. 11, *Bull.* 852, p. 828.

D. 1er février 1861..   Crédit pour les travaux du chemin de fer de Mayenne à Laval. —
1er sem. 1861, sér. 11, *Bull.* 905, p. 237.

D. 4 juillet 1861.......   Création d'obligations trentenaires (*Bull.* 946).
L. 12 février 1862.....   Conversion desdites obligations (*Bull.* 998).

ÉPINAL A REMIREMONT.

L. 1ᵉʳ août 1860. . . .   Autorisant certaines subventions et garanties d'intérêts pour divers chemins de fer[1] : Épinal à Remiremont, etc. — 2ᵉ sem. 1860, sér. 11, *Bull.* 832, p. 346.

> Corps législatif. Exposé des motifs ; *Mon.* annexe L, n° 240; rapport par M. Bonfleaux-Dugage ; annexe R, n° 338; discussion et adoption : *Mon.* des 19 et 20 juillet.

D. 31 août 1860. . . .   Déclarant d'utilité publique l'établissement d'un chemin de fer d'Épinal à Remiremont. — 2ᵉ sem. 1860, sér. 11, *Bull.* 852, p. 828.

D. 1ᵉʳ février 1861. .   Crédit pour les travaux du chemin de fer d'Épinal à Remiremont. — 1ᵉʳ sem. 1861, sér. 11, *Bull.* 905, p. 237.

---

[1] D. 4 juillet 1861. . . . . . .   Création d'obligations trentenaires (*Bull.* 946).
L. 12 février 1862. . . . . .   Conversion desdites obligations (*Bull.* 998).

LUNÉVILLE A SAINT-DIÉ.

L. 1ᵉʳ août 1860..... Autorisant certaines subventions et garanties d'intérêts pour divers chemins de fer[1] : Lunéville à Saint-Dié, etc. — 2ᵉ sem. 1860, sér. 11, *Bull.* 832, p. 346.

    Corps législatif. Exposé des motifs : *Mon.* annexe L, n° 246; rapport par M. Boulleaux-Dugage : annexe R, n° 338; discussion et adoption : *Mon.* des 19 et 20 juillet.

D. 31 août 1860..... Déclarant d'utilité publique l'établissement d'un chemin de fer de Lunéville à Saint-Dié. — 2ᵉ sem. 1860, sér. 11, *Bull.* 852, p. 828.

D. 1ᵉʳ février 1861... Crédit pour les travaux du chemin de fer de Lunéville à Saint-Dié. — 1ᵉʳ sem. 1861, sér. 11, *Bull.* 905, p. 237.

---

[1] D. 4 juillet 1861....... Création d'obligations trentenaires (*Bull.* 946).
   L. 12 février 1862....... Conversion desdites obligations (*Bull.* 995).

STRASBOURG A BARR, A MUTZIG ET A WASSELONNE.

L. 1ᵉʳ août 1860 [1] . . . .   Autorisant une subvention pour le chemin de fer de Strasbourg à Barr,
à Mutzig et à Wasselonne. — 2ᵉ sem. 1860, sér. 11, *Bull.* 832,
p. 348.

> Corps législatif. Exposé des motifs : *Mon.* annexe O, n° 306 ; rapport par
> M. le baron de Bussière ; annexe R, n° 345 ; discussion et adoption : *Mon.* du
> 20 juillet.

---

[1] L. 16 juin 1859 et 28   Autorisant le département du Bas-Rhin à s'imposer pour travaux de voies de communication
juin 1861.   à convertir ultérieurement en chemins de fer (*Bull.* 703 et 947).

HAGUENAU A NIEDERBRONN.

L. 1er août 1860. . . .   Autorisant une subvention pour le chemin de fer de Haguenau à Niederbronn avec embranchement. — 2e sem. 1860, sér. 11, *Bull.* 832,
p. 348.

> Corps législatif. Exposé des motifs : *Mon.* annexe O, n° 306; rapport par
> M. le baron de Bussière : annexe B, n° 345; discussion et adoption : *Mon.* du
> 20 juillet.

CEINTURE

(RIVE GAUCHE.)

———

D. 14 juin 1861 . . . . Déclaration d'utilité publique relative au chemin de fer de ceinture, rive gauche. — 2ᵉ sem. 1861, sér. 11, *Bull.* 953, p. 253.

L. 2 juillet 1861 . . . . Crédits (obligations trentenaires[1]) pour l'exécution de diverses lignes : chemin de fer de ceinture, rive gauche, etc. — 2ᵉ sem. 1861, sér. 11, *Bull.* 946, p. 1.

> Corps législatif. Exposé des motifs : *Mon.* du 18 juin; rapport par M. Alfred Leroux : *Mon.* des 29 et 30 juin; discussion et adoption : *Mon.* des 25 et 26 juin.

———

[1] D. 4 juillet 1861 . . . . Création des obligations trentenaires précitées (*Bull.* 946).

L. 12 février 1862 . . . . Conversion desdites obligations (*Bull.* 998).

(Mémoire : D. 1ᵉʳ février 1862. Report d'un crédit relatif à l'exécution de diverses lignes : *Bull.* 1008).

CHÂTEAULIN A LANDERNEAU.

D. 14 juin 1861 . . . .   Déclaration d'utilité publique relative au chemin de fer de Châteaulin à la ligne de Rennes à Brest. — 2ᵉ sem. 1861, sér. 11, *Bull.* 953, p. 251.

L. 2 juillet 1861 . . . .   Crédits (obligations trentenaires[1]) pour l'exécution de diverses lignes : Châteaulin à Landerneau, etc. — 2ᵉ sem. 1861, sér. 11, *Bull.* 946, p. 1.

    Corps législatif. Exposé des motifs : *Mon.* du 18 juin; rapport par M. Alfred Leroux : *Mon.* des 29 et 30 juin; discussion et adoption : *Mon.* des 25 et 26 juin.

---

[1] D. 4 juillet 1861 . . . . . .   Création des obligations trentenaires précitées (*Bull.* 946).

  L. 12 février 1862 . . . . .   Conversion desdites obligations (*Bull.* 998).

NAPOLÉON-VENDÉE A LA ROCHELLE, A SAINTES, ETC.

(CHEMINS DE FER DES CHARENTES.)

D. 14 juin 1861.... Déclaration d'utilité publique relative aux chemins de fer de Napoléon-Vendée à la Rochelle, de Rochefort à Saintes, et de Saintes à Coutras. — 2ᵉ sem. 1861, sér. 11, *Bull.* 953, p. 252.

D. 14 juin 1861.... Déclaration d'utilité publique relative au chemin de fer d'Angoulême à Saintes. — 2ᵉ sem. 1861, sér. 11, *Bull.* 953, p. 238.

L. 2 juillet 1861.... Crédits (obligations trentenaires[1]) pour l'exécution de diverses lignes : Napoléon-Vendée à la Rochelle, Rochefort à Saintes, Saintes à Coutras, Angoulême à Saintes, etc. — 2ᵉ sem. 1861, sér. 11, *Bull.* 946, p. 1.

 Corps législatif. Exposé des motifs : *Mon.* du 18 juin; rapport par M. Alfred Leroux : *Mon.* des 29 et 30 juin; discussion et adoption : *Mon.* des 25 et 26 juin.

D. 19 avril 1862.... Autorisant la concession, par voie d'adjudication, des chemins de fer ci-après : Napoléon-Vendée à la Rochelle, Rochefort à Saintes, Saintes à Coutras, Angoulême à Saintes; éventualité d'une ligne d'Angoulême à Limoges. — 2ᵉ sem. 1862, sér. 11, *Bull.* 1041, p. 246.

L. 6 juillet 1862... Approuvant la subvention applicable aux chemins de fer précités. — 2ᵉ sem. 1862, sér. 11, *Bull.* 1041, p. 241.

D. 6 juillet 1862... Approuvant l'adjudication passée pour la concession des chemins de fer précités. — 2ᵉ sem. 1862, sér. 11, *Bull.* 1041, p. 242.

---

[1] D. 4 juillet 1861........ Création des obligations trentenaires précitées (*Bull.* 946).
 L. 12 février 1862........ Conversion desdites obligations (*Bull.* 998).

THIONVILLE A NIEDERBRONN.

D. 14 juin 1861 . . . .   Déclaration d'utilité publique relative au chemin de fer de Niederbronn à la ligne de Metz à Thionville. — 2ᵉ sem. 1861, sér. 11, *Bull.* 953, p. 235.

L. 1 juillet 1861 . . . .   Crédits (obligations trentenaires[1]) pour l'exécution de diverses lignes : Thionville à Niederbronn, etc. — 2ᵉ sem. 1861, sér. 11, *Bull.* 946, p. 1.

> Corps législatif. Exposé des motifs : *Mon.* du 18 juin; rapport par M. Alfred Leroux ; *Mon.* des 29 et 30 juin; discussion et adoption : *Mon.* des 25 et 26 juin.

---

[1] D. 4 juillet 1861 . . . . . .   Création des obligations trentenaires précitées (*Bull.* 946).
 L. 12 février 1862 . . . . . .   Conversion desdites obligations (*Bull.* 998).

LOUVIERS A LA LIGNE DE ROUEN.

D. 14 juin 1861 . . . .   Déclaration d'utilité publique relative au chemin de fer d'embranchement de Louviers. — 2ᵉ sem. 1861, sér. 11, *Bull.* 953, p. 245.

L. 2 juillet 1861 . . . .   Crédits (obligations trentenaires[1]) pour l'exécution de diverses lignes : Louviers à la ligne de Rouen, etc. — 2ᵉ sem. 1861, sér. 11, *Bull.* 946, p. 1.

> Corps législatif. Exposé des motifs : *Mon.* du 18 juin; rapport par M. Alfred Leroux ; *Mon.* des 29 et 30 juin; discussion et adoption : *Mon.* des 25 et 26 juin.

---

[1] D. 4 juillet 1861 . . . . . .   Création des obligations trentenaires précitées (*Bull.* 946).
   L. 12 février 1862 . . . . .   Conversion desdites obligations (*Bull.* 998).

ANNONAY A SAINT-RAMBERT.

D. 14 juin 1861.....   Déclaration d'utilité publique relative au chemin de fer d'Annonay à Saint-
                        Rambert. — 2ᵉ sem. 1861, sér. 11, *Bull.* 953, p. 246.

L. 2 juillet 1861....   Crédits (obligations trentenaires[1]) pour l'exécution de diverses lignes :
                        Annonay à Saint-Rambert, etc. — 2ᵉ sem. 1861, sér. 11, *Bull.* 946,
                        p. 1.

                        Corps législatif. Exposé des motifs : *Mon.* du 18 juin, rapport par M. Alfred
                        Leroux ; *Mon.* des 29 et 30 juin ; discussion et adoption : *Mon.* des 25 et 26 juin

---

[1] D. 4 juillet 1861........   Création des obligations trentenaires précitées (*Bull.* 946).
    L. 12 février 1862........   Conversion desdites obligations (*Bull.* 998).

DIJON A LANGRES.

D. 14 juin 1861 . . . .   Déclaration d'utilité publique relative au chemin de fer de Dijon à
Langres. — 2ᵉ sem. 1861, sér. 11, *Bull.* 953, p. 233.

L. 2 juillet 1861 . . . .   Crédits (obligations trentenaires[1]) pour l'exécution de diverses lignes :
Dijon à Langres, etc. — 2ᵉ sem. 1861, sér. 11, *Bull.* 946, p. 1.

Corps législatif. Exposé des motifs : *Mon.* du 18 juin; rapport par M. Alfred
Leroux : *Mon.* des 29 et 30 juin; discussion et adoption : *Mon.* des 25 et 26 juin.

---

[1] D. 4 juillet 1861 . . . . . .   Création des obligations trentenaires précitées (*Bull.* 946).
L. 12 février 1862 . . . . .   Conversion desdites obligations (*Bull.* 998).

CHÂTILLON-SUR-SEINE A CHAUMONT.

D. 14 juin 1861 . . . .　Déclaration d'utilité publique relative au chemin de fer de Châtillon-sur-Seine à Chaumont. — 2ᵉ sem. 1861, sér. 11. *Bull.* 953, p. 236.

L. 2 juillet 1861 . . . .　Crédits (obligations trentenaires[1]) pour l'exécution de diverses lignes : Châtillon-sur-Seine à Chaumont, etc. — 2ᵉ sem. 1861, sér. 11, *Bull.* 946, p. 1.

> Corps législatif. Exposé des motifs : *Mon.* du 18 juin; rapport par M. Alfred Leroux : *Mon.* des 29 et 30 juin; discussion et adoption : *Mon.* des 25 et 26 juin.

---

[1]
D. 4 juillet 1861 . . . . . .　Création des obligations trentenaires précitées (*Bull.* 946).
L. 12 février 1862 . . . . .　Conversion desdites obligations (*Bull.* 998).

CHAUMONT A TOUL.

D. 14 juin 1861.....   Déclaration d'utilité publique relative au chemin de fer de Chaumont à
                       la ligne de Paris à Strasbourg. — 2ᵉ sem. 1861, sér. 11, *Bull.* 953,
                       p. 236.

L. 2 juillet 1861..... Crédits (obligations trentenaires[1]) pour l'exécution de diverses lignes :
                       Chaumont à Toul, etc.—2ᵉ sem. 1861, sér. 11, *Bull.* 946, p. 1.

    Corps législatif. Exposé des motifs : *Mon.* du 18 juin; rapport par M. Alfred
Leroux : *Mon.* des 29 et 30 juin; discussion et adoption : *Mon.* des 25 et 26 juin.

---

[1] D. 4 juillet 1861.........   Création des obligations trentenaires précitées (*Bull.* 946).
   L. 12 février 1862........   Conversion desdites obligations (*Bull.* 996).

BERGERAC A LIBOURNE.

D. 14 juin 1861....   Déclaration d'utilité publique relative au chemin de fer de Bergerac à
Libourne. — 2ᵉ sem. 1861, sér. 11, *Bull.* 953, p. 237.

L. 2 juillet 1861...   Crédits (obligations trentenaires[1]) pour l'exécution de diverses lignes :
Bergerac à Libourne, etc. — 2ᵉ sem. 1861, sér. 11, *Bull.* 946,
p. 1.

> Corps législatif. Exposé des motifs : *Mon.* du 18 juin; rapport par M. Alfred
> Leroux : *Mon.* des 29 et 30 juin; discussion et adoption : *Mon.* des 25 et 26 juin.

D. 19 avril 1862...   Autorisant la concession, par voie d'adjudication, du chemin de fer de
Bergerac à Libourne. Texte du cahier des charges. — 2ᵉ sem. 1862,
sér. 11, *Bull.* 1041, p. 267.

D. 6 juillet 1862...   Approuvant l'adjudication passée pour la concession du chemin de fer
précité. — 2ᵉ sem. 1862, sér. 11, *Bull.* 1041, p. 264.

---

[1] D. 4 juillet 1861.......   Création des obligations trentenaires précitées (*Bull.* 946).
L. 12 février 1862.......   Conversion desdites obligations (*Bull.* 998).

SAINT-GIRONS A LA LIGNE DE TARBES.

D. 14 juin 1861.... Déclaration d'utilité publique relative au chemin de fer de Saint-Girons à la ligne de Toulouse à Bayonne. — 2ᵉ sem. 1861, sér. 11, *Bull.* 953, p. 247.

L. 2 juillet 1861... Crédits (obligations trentenaires[1]) pour l'exécution de diverses lignes : Saint-Girons à la ligne de Toulouse à Tarbes. — 2ᵉ sem. 1861, sér. 11, *Bull.* 946, p. 1.

> Corps législatif. Exposé des motifs : *Mon.* du 18 juin; rapport par M. Alfred Leroux : *Mon.* des 29 et 30 juin; discussion et adoption : *Mon.* des 25 et 26 juin.

L. 16 avril 1863... Département de l'Ariége. Subvention pour les travaux du chemin de fer de Saint-Girons à la ligne de Toulouse à Bayonne. — 1ᵉʳ sem. 1863, sér. 11, *Bull.* 1017, p. 612.

> Corps législatif. Exposé des motifs : annexe E, nᵒ 62; rapport par M. de Perpessac : annexe F, nᵒ 95; discussion et adoption : *Mon.* du 26 mars.

---

[1] D. 4 juillet 1861...... Création des obligations trentenaires précitées (*Bull.* 946).
L. 12 février 1862...... Conversion desdites obligations (*Bull.* 998).

GRASSE A LA LIGNE DE NICE.

D. 14 juin 1861..... Déclaration d'utilité publique relative au chemin de fer d'embranchement de Grasse à la ligne de Nice, etc. — 2ᵉ sem. 1861, sér. 11,
Bull. 953, p. 248.

L. 2 juillet 1861..... Crédits (obligations trentenaires[1]) pour l'exécution de diverses lignes :
Grasse à la ligne de Nice, etc. — 2ᵉ sem. 1861, sér. 11, *Bull.* 946,
p. 1.

Corps législatif. Exposé des motifs : Mon. du 18 juin ; rapport par M. Alfred
Leroux : Mon. des 29 et 30 juin ; discussion et adoption : Mon. des 25 et 26 juin.

---

[1] D. 4 juillet 1861..... Création des obligations trentenaires précitées (*Bull.* 946).
L. 12 février 1862..... Conversion desdites obligations (*Bull.* 998).

NAPOLÉON-VENDÉE AUX SABLES-D'OLONNE.

D. 14 juin 1861.... Déclaration d'utilité publique relative au chemin de fer de Napoléon-Vendée aux Sables-d'Olonne. — 2ᵉ sem. 1861, sér. 11, *Bull.* 953, p. 238.

L. 2 juillet 1861.... Crédits (obligations trentenaires[1]) pour l'exécution de diverses lignes : Napoléon-Vendée aux Sables-d'Olonne, etc. — 2ᵉ sem. 1861, sér. 11, *Bull.* 946, p. 1.

> Corps législatif. Exposé des motifs : *Mon.* du 18 juin; rapport par M. Alfred Leroux : *Mon.* des 29 et 30 juin; discussion et adoption : *Mon.* des 25 et 26 juin.

D. 4 juillet 1861...... Création des obligations trentenaires précitées (*Bull.* 946).
L. 12 février 1862..... Conversion desdites obligations (*Bull.* 998).

NAPOLÉON-VENDÉE A LA LIGNE D'ANGERS A NIORT.

D. 14 juin 1861.... Déclaration d'utilité publique relative au chemin de fer de Napoléon-Vendée à la ligne d'Angers à Niort. — 2ᵉ sem. 1861, sér. 11, *Bull.* 953, p. 239.

L. 2 juillet 1861.... Crédits (obligations trentenaires[1]) pour l'exécution de diverses lignes : Napoléon-Vendée à la ligne d'Angers à Niort, etc. — 2ᵉ sem. 1861, sér. 11, *Bull.* 936, p. 1.

   Corps législatif. Exposé des motifs : *Mon.* du 18 juin; rapport par M. Alfred Leroux; *Mon.* des 29 et 30 juin; discussion et adoption : *Mon.* des 25 et 26 juin.

D. 10 juillet 1862.. Tracé du chemin de fer de Napoléon-Vendée à Bressuire. — 2ᵉ sem. 1862, sér. 11, *Bull.* 1043, p. 375.

---

[1] D. 4 juillet 1861....... Création des obligations trentenaires précitées (*Bull.* 946).
  L. 12 février 1862..... Conversion desdites obligations (*Bull.* 996).

NAPOLÉONVILLE A SAINT-BRIEUC.

D. 14 juin 1861....   Déclaration d'utilité publique relative au chemin de fer de Napoléonville
à Saint-Brieuc. — 2ᵉ sem. 1861, sér. 11, *Bull.* 953, p. 240.

L. 2 juillet 1861....   Crédits (obligations trentenaires[1]) pour l'exécution de diverses lignes :
Napoléonville à Saint-Brieuc, etc. — 2ᵉ sem. 1861, sér. 11, *Bull.*
946, p. 1.

Corps législatif. Exposé des motifs : *Mon.* du 18 juin; rapport par M. Alfred
Leroux : *Mon.* des 29 et 30 juin; discussion et adoption : *Mon.* des 25 et 26 juin.

---

[1] D. 4 juillet 1861........   Création des obligations trentenaires précitées (*Bull.* 946).
L. 12 février 1862.....   Conversion desdites obligations (*Bull.* 998).

AUXERRE A LA LIGNE DE NEVERS A CHAGNY.

D. 14 juin 1861 . . . . .   Déclaration d'utilité publique relative au chemin de fer d'Auxerre à la ligne de Nevers à Chagny. — 2ᵉ sem. 1861, sér. 11, *Bull.* 953, p. 241.

L. 2 juillet 1861 . . . .   Crédits (obligations trentenaires[1]) pour l'exécution de diverses lignes : Auxerre à la ligne de Nevers à Chagny, etc. — 2ᵉ sem. 1861, sér. 11, *Bull.* 946, p. 1.

> Corps législatif. Exposé des motifs : *Mon.* du 18 juin ; rapport par M. Alfred Leroux : *Mon.* des 29 et 30 juin ; discussion et adoption : *Mon.* des 25 et 26 juin.

---

[1] D. 4 juillet 1861 . . . . . .   Création des obligations trentenaires précitées (*Bull.* 946).
L. 12 février 1862 . . . . . .   Conversion desdites obligations (*Bull.* 998).

CLERMONT A MONTBRISON.

D. 14 juin 1861..... Déclaration d'utilité publique relative au chemin de fer de Clermont à
Montbrison. — 2ᵉ sem. 1861, sér. 11, *Bull.* 953, p. 242.

L. 2 juillet 1861..... Crédits (obligations trentenaires [1]) pour l'exécution de diverses lignes :
Clermont à Montbrison, etc. — 2ᵉ sem. 1861, sér. 11, *Bull.* 946,
p. 1.

    Corps législatif. Exposé des motifs : *Mon.* du 18 juin; rapport par M. Alfred
Leroux : *Mon.* des 29 et 30 juin; discussion et adoption : *Mon.* des 25 et 26 juin.

---

[1] D. 4 juillet 1861....... Création des obligations trentenaires précitées (*Bull.* 946).
L. 12 février 1862....... Conversion desdites obligations (*Bull.* 998).

COMMENTRY A GANNAT.

D. 14 juin 1861....   Déclaration d'utilité publique relative au chemin de fer de Commentry à Gannat. — 2ᵉ sem. 1861, sér. 11, *Bull.* 953, p. 250.

L. 2 juillet 1861 ....   Crédits (obligations trentenaires [1]) pour l'exécution de diverses lignes : Commentry à la ligne de Saint-Germain à Clermont, etc. — 2ᵉ sem. 1861, sér. 11, *Bull.* 946, p. 1.

     Corps législatif. Exposé des motifs : *Mon.* du 18 juin; rapport par M. Alfred Leroux : *Mon.* des 29 et 30 juin; discussion et adoption : *Mon.* des 25 et 26 juin.

D. 4 juillet 1861 . . . . . .   Création des obligations trentenaires précitées (*Bull.* 946).
L. 12 février 1862 . . . . . .   Conversion desdites obligations (*Bull.* 998).

PORT-VENDRES A LA FRONTIÈRE D'ESPAGNE.

D. 14 juin 1861.....   Déclaration d'utilité publique relative au chemin de fer de Port-Vendres
à la frontière d'Espagne. — 2ᵉ sem. 1861, sér. 11, *Bull.* 953, p. 243

L. 2 juillet 1861.....   Crédits (obligations trentenaires[1]) pour l'exécution de diverses lignes :
Port-Vendres à la frontière d'Espagne, etc. — 2ᵉ sem. 1861, sér. 11,
Bull. 946, p. 1.

Corps législatif. Exposé des motifs : *Mon.* du 18 juin, rapport par M. Alfred
Leroux : *Mon.* des 29 et 30 juin; discussion et adoption : *Mon.* des 25 et 26 juin.

---

[1] D. 4 juillet 1861.......   Création des obligations trentenaires précitées (*Bull.* 946).
L. 12 février 1862.......   Conversion desdites obligations (*Bull.* 998).

SAINTE-MARIE-AUX-MINES A SCHELESTADT.

L. 25 juillet 1860 . . .   Autorisant le département du Haut-Rhin à s'imposer pour travaux de voies de communication (notamment entre Sainte-Marie-aux-Mines[1] et Schelestadt) à convertir en chemins de fer. — 2ᵉ sem. 1860, sér. 11, *Bull.* 828, p. 292.

> Corps législatif. Exposé des motifs : *Mon.* annexe H, n° 170; rapport par M. le baron de Reinach : annexe R, n° 337; discussion et adoption : *Mon.* du 11 juillet.

D. 14 juin 1861 . . . .   Déclaration d'utilité publique relative au chemin de fer de Sainte-Marie-aux-Mines à Schelestadt. — 2ᵉ sem. 1861, sér. 11, *Bull.* 953, p. 250.

L. 2 juillet 1861 . . .   Crédits (obligations trentenaires[2]) pour l'exécution de diverses lignes : Sainte-Marie-aux-Mines à Schelestadt, etc. — 2ᵉ sem. 1861, sér. 11, *Bull.* 946, p. 1.

> Corps législatif. Exposé des motifs : *Mon.* du 18 juin; rapport par M. Alfred Leroux ; *Mon.* des 29 et 30 juin; discussion et adoption : *Mon.* des 25 et 26 juin.

L. 2 juillet 1862 . . .   Département du Bas-Rhin. Emprunt pour l'exécution du chemin de fer de Sainte-Marie-aux-Mines à Schelestadt. — 2ᵉ sem. 1862, sér. 11, *Bull.* 1035, p. 52.

---

[1] D. 16 août 1860 . . . .   Emprunt de la ville de Sainte-Marie-aux-Mines pour voies de communication à convertir en chemins de fer.

[2] D. juillet 1861 . . . .   Création des obligations trentenaires précitées (*Bull.* 946).

L. 12 février 1862 . . . .   Conversion desdites obligations (*Bull.* 998).

DIEUZE A RÉCHICOURT.

D. 14 juin 1861 . . . .   Déclaration d'utilité publique relative au chemin de fer de Dieuze à Ré-
                           chicourt [1]. — 2ᵉ sem. 1861, sér. 11, *Bull.* 953, p. 244.

L. 2 juillet 1861 . . . . Crédits (obligations trentenaires [2]) pour l'exécution de diverses lignes :
                           Dieuze à Réchicourt, etc. — 2ᵉ sem. 1861, sér. 11, *Bull.* 946, p. 1.

    Corps législatif. Exposé des motifs : *Mon.* du 18 juin; rapport par M. Alfred
Leroux : *Mon.* des 29 et 30 juin; discussion et adoption : *Mon.* des 25 et 26 juin.

D. 16 août 1862 . . .   Approuvant la convention passée avec la compagnie des salines de l'Est
                           pour l'exécution d'un chemin de fer d'embranchement sur Dieuze.
                           Texte de la convention et du cahier des charges. — 2ᵉ sem. 1862,
                           sér. 11, *Bull.* 1051, p. 395.

---

[1] D. 8 janvier 1862 . . . .   Statuts de la compagnie des salines de l'Est; éventualité de la concession du chemin de fer
                                      de Dieuze à Réchicourt (*Bull.* 796, suppl.).
[2] D. 4 juillet 1861 . . . .   Création des obligations trentenaires précitées (*Bull.* 946).
L. 12 février 1862 . . . . . .   Conversion desdites obligations (*Bull.* 998).

AIGUES-MORTES A LUNEL.

L. 5 juin 1861 . . . . . . Autorisant une subvention ou une garantie d'intérêt pour l'établissement d'un embranchement de chemin de fer d'Aigues-Mortes à Lunel. — 1ᵉʳ sem. 1861, sér. 11, *Bull.* 936, p. 713.

> Corps législatif. Exposé des motifs : *Mon.* annexe T, n° 365, rapport par M. Pérouse : *Mon.* du 20 juin; discussion et adoption : *Mon.* du 25 mai.

L. 6 juillet 1862 . . . . Département du Gard. Subvention pour l'établissement du chemin de fer d'Aigues-Mortes à la ligne de Nîmes à Montpellier. — 2ᵉ sem. 1861, sér. 11, *Bull.* 1039, p. 154.

REIMS A MOURMELON.

D. 29 mars 1862... Déclaration d'utilité publique et allocation pour l'établissement d'un chemin de fer de Reims à Mourmelon. — 1er sem. 1862, sér. 11, *Bull.* 1013, p. 449.

DUNKERQUE A LA FRONTIÈRE.

D. 26 avril 1862... Autorisant la concession, par voie d'adjudication, d'un chemin de fer de Dunkerque à la frontière belge (vers Furnes).

BELFORT A GUEBWILLER.

L. 6 juillet 1862... Subvention pour l'exécution d'un chemin de fer de Belfort à Guebwiller.
— 2ᵉ sem. 1861, sér. 11. *Bull.* 1039, p. 118.

CHEMINS DE FER DE L'ALGÉRIE[1].

D. 8 avril 1857 . . . . Décide l'établissement d'un réseau de chemins de fer en Algérie.

L. 20 juin 1860 . . . . Subvention et garantie d'intérêt accordées à l'entreprise des chemins de fer algériens. — 1ᵉʳ sem. 1860, sér. 11, *Bull.* 810, p. 987.

> Corps législatif. Exposé des motifs : *Mon.* du 14 mars; rapport par M. le comte Lehon : annexe H, n° 176; discussion et adoption : *Mon.* du 3 juin.

D. 11 juillet 1860. . Approuvant une convention passée pour la concession de chemins de fer en Algérie. Texte de la convention et du cahier des charges. — 2ᵉ sem. 1860, sér. 11, *Bull.* 842, p. 682.

D. 18 septembre 1860. Autorisation de la compagnie des chemins de fer algériens. Texte des statuts. — 1ᵉʳ sem. 1861, suppl. sér. 11, *Bull.* 711, p. 149.

L. 2 juillet 1861 . . . Crédit pour l'exécution du chemin de fer d'Alger à Blidah. — 2ᵉ sem. 1861, sér. 11, *Bull.* 946, p. 4.

> Corps législatif. Exposé des motifs ; annexe G, n° 220; rapport par M. Josseau : annexe G, n° 332; discussion et adoption : *Mon.* du 28 juin.

D. 4 juillet 1861 . . . Création d'obligations trentenaires pour le crédit précité. . . — 2ᵉ sem. 1861, sér. 11, *Bull.* 946, p. 5.

L. 12 février 1862 . . Conversion des rentes et des obligations trentenaires précitées. — 1ᵉʳ sem. 1862, sér. 11, *Bull.* 998, p. 105.

> Corps législatif. Exposé des motifs : *Mon.* du 29 janvier; rapport par M. Gouin : *Mon.* du 7 février; discussion et adoption : *Mon.* des 8 et 9 février.

---

[1] Les chemins de fer de l'Algérie sont placés dans les attributions de S. Exc. le Ministre de la guerre.

D. 14 juillet 1862 . .   Application à l'Algérie de la loi de 1845 sur la police des chemins de
                         fer. — 2ᵉ sem. 1862, sér. 11, *Bull.* 1043, p. 379.

D. 27 juillet 1862 . .   Application à l'Algérie de divers lois et décrets sur la police et l'exploi-
                         tation des chemins de fer. — 2ᵉ sem. 1862, sér. 11, *Bull.* 1046,
                         p. 550.

CHEMINS INDUSTRIELS.

CHEMIN DE FER D'ÉPINAC AU CANAL DE BOURGOGNE.

O. 7 avril 1830 [1]... Autorise les concessionnaires des houillères d'Épinac à établir un chemin de fer d'Épinac au canal de Bourgogne. Droits de péage et dispositions diverses. — 1ᵉʳ sem. 1830, sér. 8, *Bull.* 350, p. 247.

CHEMIN DE FER DES CARRIÈRES DU LONG-ROCHER AU CANAL DE LOING.

O. 16 octobre 1834. Autorise le concessionnaire des carrières du Long-Rocher, dans la forêt de Fontainebleau, à établir un chemin de fer au canal de Loing (par extrait). 2ᵉ sem. 1834, sér. 9, 2ᵉ partie, 2ᵉ section, *Bull.* 118, p. 667.

CHEMIN DE FER DE VILLERS-COTTERETS AU PORT-AUX-PERCHES.

O. 6 juin 1836 .... Autorise l'établissement d'un chemin de fer de Villers-Cotterets au Port-aux-Perches, sur la rivière d'Ourcq. Texte du cahier des charges. — 1ᵉʳ sem. 1836, sér. 9, *Bull.* 439, p. 4. (Passé au Nord par le décret du 26 juin 1857.)

CHEMIN DE FER D'ÉPINAC AU CANAL DU CENTRE.

L. 17 juillet 1837.. Autorise l'établissement d'un chemin de fer d'Épinac au canal du Centre.

---

[1] D. 2 juillet 1850......, Approbation des statuts de la compagnie des houillères et du chemin de fer d'Épinac. — 2ᵉ sem. 1850, suppl. sér. 10, *Bull.* 136.

Dispositions générales et texte du cahier des charges. — 2ᵉ sem. 1837, sér. 9, *Bull.* 524, p. 233.

> Chambre des députés. Présentation : *Mon.* des 4 et 5 juin ; rapport par M. de Bussières ; *Mon.* du 18 juin ; discussion et adoption : *Mon.* du 25 juin.
> Chambre des pairs. Présentation : *Mon.* du 2 juillet ; rapport par M. le comte de Villegontier : *Mon.* du 11 juillet ; adoption : *Mon.* du 13 juillet.

O. 31 mai 1840 . . . . Remise à la compagnie du chemin de fer d'Épinac du payement de la redevance, pour 1839 et 1840. — 2ᵉ sem. 1840, suppl. sér. 9, *Bull.* 501, p. 175.

CHEMIN DE FER DU CREUZOT AU CANAL DU CENTRE.

O. 26 décembre 1837. Autorise l'établissement d'un chemin de fer du Creuzot au canal du Centre. Texte du cahier des charges. — 1ᵉʳ sem. 1838, sér. 9, *Bull.* 552, p. 933.

O. 7 mai 1840 . . . . . Autorisation donnée au chemin de fer du Creuzot d'établir un nouveau port sur le canal. Conditions diverses. — 1ᵉʳ sem. 1840, sér. 9, *Bull.* 737, p. 413.

O. 12 septembre 1842. Autorise les concessionnaires du chemin de fer du Creuzot au canal du Centre à établir, sur ce chemin, un transport public de voyageurs. Tarif et conditions diverses. — 2ᵉ sem. 1842, sér. 9, *Bull.* 960, p. 689.

D. 7 mars 1860 . . . . Concernant l'emploi de machines locomotives sur ce chemin de fer. — 1ᵉʳ sem. 1860, sér. 11, *Bull.* 780, p. 265.

D. 28 juillet 1861 . . Autorisation de l'établissement d'un chemin de fer d'embranchement aux mines de Gromey, Mazenay et Change (Creuzot). Texte du cahier des charges. — 2ᵉ sem. 1860, sér. 11, *Bull.* 846, p. 738.

CHEMINS DE FER DES MINES DE FINS ET DES MINES DE MONTET-AUX-MOINES A L'ALLIER.

L. I. 25 juillet 1838. La société concessionnaire des mines de Fins et Noyant est autorisée à établir un chemin de fer de ces mines à l'Allier. Conditions diverses. Le concessionnaire des mines de Montet-aux-Moines est autorisé à établir un chemin de fer de ces mines à l'Allier. Conditions diverses. Cahier des charges du chemin de fer des mines de Fins. Cahier des charges du chemin de fer des mines de Montet-aux-Moines à l'Allier. — 2ᵉ sem. 1838, sér. 9, *Bull.* 591, p. 178.

CHEMIN DE FER DES MINES DE DECIZE AU CANAL DU NIVERNAIS.

O. 12 septembre 1841[1].   Autorise la compagnie des mines de Decize à établir un chemin de fer desdites mines au canal du Nivernais, aux clauses du cahier des charges (extrait). — 2ᵉ sem. 1841, sér. 9, *Bull.* 860, p. 387.

CHEMIN DE FER DE COMMENTRY AU CANAL DU BERRI.

O. 16 février 1844..   Autorisation de l'établissement d'un chemin de fer des houillères de Commentry au canal du Berri, près Montluçon. Texte du cahier des charges. — 1ᵉʳ sem. 1844, sér. 9, *Bull.* 1085, p. 265.

D. 14 mars 1855...   Approuvant une convention passée pour la concession d'un prolongement du chemin de fer de Commentry au canal du Berri. Texte de la convention. — 1ᵉʳ sem. 1855, sér. 11, *Bull.* 280, p. 488.

CHEMIN DE FER DES MINES DE MONTRAMBERT A LA LIGNE DE SAINT-ÉTIENNE.

O. 2 avril 1843....   Autorise la compagnie des mines de Montrambert et du quartier Gaillard à établir un chemin de fer entre lesdites mines et le chemin de fer de Saint-Étienne à la Loire. Texte du cahier des charges. — 2ᵉ sem. 1843, sér. 9, *Bull.* 1022, p. 41.

O. 4 juillet 1844...   Autorise la mise en communication de ce chemin avec le chemin de fer de Saint-Étienne à Lyon. — 2ᵉ sem. 1844, sér. 9, *Bull.* 1115, p. 94.

D. 17 mai 1853....   Approuvant la convention portant réunion des chemins de fer du Rhône à la Loire, y compris l'embranchement de Montrambert. — 2ᵉ sem. 1853, sér. 11, *Bull.* 74, p. 142. (Passé à la Méditerranée.)

CHEMIN DE FER DE VIREUX A LA FRONTIÈRE BELGE.

O. 8 mars 1845 ....   Autorisation et concession d'un chemin de fer de la frontière de Belgique à Vireux-sur-Meuse. Texte du cahier des charges. — 1ᵉʳ sem. 1845, sér. 9, *Bull.* 1185, p. 273.

---

[1] O. 17 mai 1842........   Autorisation de la société anonyme des mines de Decize. Texte des statuts. — 1ᵉʳ sem. 1842, suppl. sér. 9, *Bull.* 603, p. 655.

D. 25 février 1852..   Prorogation du délai d'exécution du chemin de fer de la frontière de Bel-
                       gique à Vireux-sur-Meuse. — 1ᵉʳ sem. 1852, sér. 10, *Bull.* 497,
                       p. 555.

CHEMIN DE FER D'EMBRANCHEMENT DES MINES D'ANICHE AU CHEMIN DE FER DU NORD.

D. 18 février 1852..   Autorise l'établissement d'un chemin de fer des mines d'Aniche à la ligne
                       du Nord, près Somain. Texte du cahier des charges. — 1ᵉʳ sem. 1856,
                       sér. 10, *Bull.* 256, p. 373.

CHEMIN DE FER DES MINES DE SORBIER A LA LIGNE DE SAINT-ÉTIENNE.

D. 27 juillet 1853..   Autorise une société formée par la compagnie de Saint-Étienne à Lyon
                       et diverses sociétés houillères à établir un chemin d'embranchement
                       entre le groupe des mines de Sorbier et les lignes de Saint-Étienne
                       à Lyon et à Andrézieux. Texte du cahier des charges. — 2ᵉ sem. 1853,
                       sér. 11, *Bull.* 85, p. 378.

CHEMIN DE FER DE L'USINE DE BOURDON AU GRAND-CENTRAL.

D. 28 octobre 1854.   Approuvant une convention passée pour la concession d'un chemin de
                       fer d'embranchement de l'usine de Bourdon au chemin de fer du
                       Grand-Central, près de Clermont. Texte de la convention et du cahier
                       des charges. — 2ᵉ sem. 1854, sér. 11, *Bull.* 237, p. 809.

CHEMIN DE FER DES MINES DE MONTIEUX AU GRAND-CENTRAL.

D. 24 novembre 1854.   Approuvant une convention passée pour la concession d'un chemin de
                       fer d'embranchement des mines de Montieux au chemin de fer Grand-
                       Central. Texte de la convention et du cahier des charges. — 2ᵉ sem.
                       1854, sér. 11, *Bull.* 242, p. 932.

CHEMIN DE FER DE LA GARE SAINT-OUEN.

D. 24 mars 1855...   Approuvant une convention passée pour la concession d'un chemin de
                       fer de la gare Saint-Ouen au chemin de fer de Ceinture. Texte de la

convention et du cahier des charges. — 1ᵉʳ sem. 1855, sér. 11, *Bull.* 289, p. 717.

D. 12 mars 1856... Prorogation du délai d'exécution du chemin de fer d'embranchement du chemin de Ceinture à la gare Saint-Ouen. — 1ᵉʳ sem. 1856, sér. 11, *Bull.* 371, p. 336.

D. 11 juillet 1856... Autorisation de la société anonyme du chemin de fer et des docks de Saint-Ouen. Texte des statuts. — 2ᵉ sem. 1856, suppl. sér. 11, *Bull.* 302, p. 209.

CHEMIN DE FER DES MINES D'OUGNEY.

D. 14 juillet 1855... Approuvant une convention passée pour la concession d'un chemin de fer des mines d'Ougney à la ligne de Besançon. Texte de la convention et du cahier des charges. — 2ᵉ sem. 1855, sér. 11, *Bull.* 348, p. 783.

D. 1ᵉʳ février 1862... Approuvant la fusion de l'embranchement d'Ougney dans le réseau de Paris-Méditerranée. — 1ᵉʳ sem. 1862, sér. 11, *Bull.* 1003, p. 303.

CHEMIN DE FER DES MINES DE ROCHE-LA-MOLIÈRE.

D. 15 décembre 1855. Approuvant une convention passée pour la concession d'un chemin de fer d'embranchement des mines de Roche-la-Molière au chemin de fer Grand-Central. Texte de la convention et du cahier des charges. — 1ᵉʳ sem. 1856, sér. 11, *Bull.* 354, p. 82.

CHEMIN DE FER DES HOUILLÈRES DE TRÉLYS.

D. 24 juin 1857..... Voir au chemin de fer de Bességes à Alais, p. 107.

CHEMIN DE FER DES USINES DE FERRIÈRE.

D. 23 avril 1859... Approuvant une convention passée pour la concession d'un chemin de fer d'embranchement des usines de Ferrière-la-Grande au chemin de fer de Saint-Quentin à Erquelines. Texte de la convention et du cahier des charges. — 1ᵉʳ sem. 1859, sér. 11, *Bull.* 693, p. 727.

CHEMIN DE FER DE BULLY-GRENAY AU CANAL DE LA BASSÉE.

D. 28 décembre 1859. Approuvant une convention passée pour la concession d'un chemin de fer de Bully-Grenay, et des houillères de Grenay au canal d'Aire à la Bassée, avec raccordement sur un embranchement du chemin de fer du Nord. Texte de la convention et du cahier des charges. — 1er sem. 1860, sér. 11, *Bull.* 762, p. 24.

CHEMIN DE FER DES MINES D'AUCHY-AUX-BOIS.

D. 25 avril 1860. . . . Autorisation de l'établissement d'un chemin de fer d'embranchement aux mines d'Auchy-au-Bois (Pas-de-Calais). Texte du cahier des charges. — 1er sem. 1860, sér. 11, *Bull.* 799, p. 722.

CHEMIN DE FER DES MINES DE VENDIN-LEZ-BÉTHUNE.

D. 28 avril 1860. . . . Autorisation de l'établissement d'un chemin de fer d'embranchement aux mines de Vendin-lez-Béthune (Pas-de-Calais). Texte du cahier des charges. — 1er sem. 1860, série 11, *Bull.* 801, p. 792.

CHEMIN DE FER DES MINES DE MARLES.

D. 28 avril 1860 . . . Autorisation de l'établissement d'un chemin de fer d'embranchement aux mines de Marles (Pas-de-Calais). Texte du cahier des charges. — 1er sem. 1860, sér. 11, *Bull.* 801, p. 807.

CHEMIN DE FER DES MINES DE FERFAY.

D. 8 mai 1860 . . . . . Autorisation de l'établissement d'un chemin de fer d'embranchement aux mines de Ferfay (Pas-de-Calais). Texte du cahier des charges. — 1er sem. 1860, sér. 11, *Bull.* 804, p. 837.

CHEMIN DE FER DES MINES DE DOURGES.

D. 8 mai 1860 . . . . . Autorisation de l'établissement d'un chemin de fer d'embranchement aux

mines de Dourges (Pas-de-Calais). Texte du cahier des charges. —
1er sem. 1860, sér. 11, *Bull.* 804, p. 852.

CHEMIN DE FER DES MINES DE LENS.

D. 9 mai 1860..... Autorisation de l'établissement de trois chemins de fer d'embranchement aux mines de Lens (Pas-de-Calais). Texte du cahier des charges.
— 1er sem. 1860, sér. 11, *Bull.* 804, p. 867.

D. 10 juillet 1862.. Autorisation de l'établissement d'un nouveau chemin de fer d'embranchement aux mines de Lens. — 2e sem. 1862, sér. 11, *Bull.* 1043,
p. 377.

CHEMINS DE FER DES MINES DE NŒUX.

D. 26 mai 1860.... Autorisation de l'établissement d'un chemin de fer d'embranchement
aux mines de Nœux (Pas-de-Calais). Texte du cahier des charges. —
2e sem. 1860, sér. 11, *Bull.* 840, p. 597.

D. 18 juin 1862.... Autorisation de l'établissement d'un second chemin de fer d'embranchement aux mines de Nœux et d'Hersin. — 2e sem. 1862, sér. 11,
Bull. 1039, p. 177.

CHEMIN DE FER DES MINES DE BRUAY.

D. 6 juillet 1860 ... Autorisation de l'établissement d'un chemin de fer d'embranchement
aux mines de Bruay (Pas-de-Calais). Texte du cahier des charges. —
2e sem. 1860, sér. 11, *Bull.* 840, p. 612.

CHEMIN DE FER DES MINES DE CHAMBLET.

D. 11 juillet 1860.. Autorisation de l'établissement d'un chemin de fer d'embranchement
aux mines de Chamblet. Texte du cahier des charges. — 2e sem. 1860,
sér. 11, *Bull.* 840, p. 627.

CHEMIN DE FER DES MINES DE PORTES ET SÉNÉCHAS.

D. 16 août 1860 ... Approuvant la compagnie du gaz de Marseille et des mines de Portes et Sénéchas. Texte des statuts (mentionnant un embranchement de chemin de fer reliant les mines à Levade). — 2ᵉ sem. 1860, suppl. sér. 11, *Bull.* 679, p. 326.

CHEMIN DE FER D'EMBRANCHEMENT SUR LE CANAL DE ROANNE A DIGOIN.

D. 25 août 1861.... Déclaration d'utilité publique relative à un chemin de fer d'embranchement entre le canal de Roanne à Digoin et la ligne du Bourbonnais. — 2ᵉ sem. 1861, sér. 11, *Bull.* 965, p. 477.

CHEMIN DE FER DES MINES DE FLÉCHINELLE.

D. 8 février 1862.... Approuvant l'établissement d'un chemin de fer d'embranchement aux mines de Fléchinelle. Texte de la convention et du cahier des charges. — 1ᵉʳ sem. 1862, sér. 11, *Bull.* 1,004, p. 309.

CHEMIN A RAILS DE BOIS[1].

DE L'ADOUR, PRÈS DAX, A MAGESQ.

O. 20 décembre 1840.   Concession d'une ligne à rails de bois de Saint-Paul-lez-Dax à Magesq.
Cahier des charges pour voyageurs et marchandises (extrait). — 2ᵉ sem.
1840, suppl. sér. 9. *Bull.* 520, p. 904.

O. 22 juin 1842. . . .   Autorisation de prolonger la voie de bois jusqu'à l'Adour, près Dax.

---

[1] La concession éventuelle des chemins à rails de bois des Landes fait partie du réseau du Midi.

CHEMINS DE FER SUR LA VOIE PUBLIQUE.

D. 18 février 1854.   Autorisation d'établir une ligne ferrée de Sèvres à Vincennes, avec embranchement sur Boulogne. Cahier des charges. — 1ᵉʳ sem. 1854, sér. 11, *Bull.* 159, p. 931.

D. 15 juillet 1854 . .   Autorisation d'établir une ligne ferrée de Rueil à Marly. Cahier des charges. — 2ᵉ sem. 1854, sér. 11, *Bull.* 208, p. 181.

D. 28 avril 1855 . . .   Autorisant l'établissement sur la voie publique, entre Sèvres et Versailles, de lignes ferrées pour services d'omnibus. Texte du cahier des charges. — 1ᵉʳ sem. 1855, sér. 11, *Bull.* 304, p. 1297.

D. 14 mai 1855 . . . .   Autorisant l'établissement sur la voie publique, entre Rennes et Moidrey, de lignes ferrées pour le transport des marchandises et des voyageurs. Texte du cahier des charges. — 1ᵉʳ sem. 1855, sér. 11, *Bull.* 297, p. 1008.

D. 15 septembre 1856.   Cession de l'entreprise des chemins à rails Sèvres-Paris-Vincennes à la compagnie générale des omnibus, et prorogation des délais. — 2ᵉ sem. 1856, sér. 11, *Bull.* 432, p. 781.

D. 16 octobre 1856.   Modification aux statuts de la compagnie générale des omnibus, relativement aux lignes ferrées à établir sur la voie publique. — 2ᵉ sem. 1856, suppl. sér. 11, *Bull.* 328, p. 1009.

D. 26 août 1857 . . .   Autorisant l'établissement sur la voie publique, entre Clermont et Riom, d'une ligne ferrée pour service d'omnibus. Texte du cahier des charges. — 2ᵉ sem. 1857, sér. 11, *Bull.* 560, p. 981.

D. 24 mars 1858 . . .   Rapportant la concession faite pour l'établissement d'un chemin à rails de Rennes à Moidrey (voir ci-dessus D. 14 mai 1855, p. 201). — 1ᵉʳ sem. 1858, sér. 11, *Bull.* 589, p. 460.

D. 5 décembre 1859. Approuvant la cession de la voie ferrée de Riom à Clermont à la compagnie des *Tram-Railroads*. — 1ᵉʳ sem. 1860, sér. 11, *Bull.* 784, p. 301.

D. 1ᵉʳ février 1860... Nouvelle concession de la ligne ferrée de Rueil à Port-Marly. — 1ᵉʳ sem. 1860, sér. 11, *Bull.* 770, p. 121.

D. 5 juin 1861..... Modification des statuts de la compagnie générale des omnibus (comprenant l'entreprise des lignes ferrées). — 2ᵉ sem. 1861, suppl. sér. 11, *Bull.* 735, p. 930.

D. 15 octobre 1861. Autorisation à la compagnie des forges de Montataire d'établir des voies ferrées (pour chevaux) sur les chemins de la commune d'Outreau. Texte du cahier des charges. — 2ᵉ sem. 1861, suppl. sér. 11, *Bull.* 774, p. 785.

SUPPLÉMENT.

LE GRAND-PARC A ROUEN.

D. 11 août 1862... Déclaration d'utilité publique relative à un chemin de fer du Grand-Parc à Rouen par la vallée de Darnetal — 2ᵉ sem. 1862, série 11, *Bull.* 1051, p. 593.

COMPAGNIES ACTUELLES.	COMPAGNIES FUSIONNÉES.	LONGUEURS PARTIELLES.	LONGUEURS ENSEMBLE.
		kil.	kil.
	Report		10,149
	Paris à Lyon et à la Méditerranée (concessions diverses)	1,330	
	Paris à Lyon (concessions diverses)	730	
	Dijon à Besançon	221	
	Dole à Salins	38	
	Gard	89	
	Montpellier à Cette	27	
Paris à Lyon et à la Méditerranée	—— à Nîmes	51	4,395
	Marseille à Avignon	130	
	Lyon à Avignon (concessions diverses)	325	
	Lyon à Genève	221	
	Bourbonnais (Paris à Lyon, par le)	545	
	Rhône et Loire	144	
	Grand-Central (partie)	234	
	Dauphiné	250	
Midi	Midi (concessions diverses)	1,571	1,619
	Bordeaux à la Teste	48	
Victor-Emmanuel			133
Ligne du Chablais			48
Ceinture			17
Graissessac à Béziers			51
Bességes à Alais			32
Anzin à Somain			19
Carmaux à Albi			15
Chauny à Saint-Gobain			15
À reporter			16,493

COMPAGNIES ACTUELLES.	COMPAGNIES FUSIONNÉES.	LONGUEURS	
		PARTIELLES.	ENSEMBLE.
		kil.	kil.
	Report....................................		16,493
Lyon à la Croix-Rousse................................			1
La Croix-Rousse à Sathonay............................			7
Napoléon-Vendée à la Rochelle, Rochefort à Angoulême et à Coutras (chemins des Charentes)...........			280
Bergerac à Libourne................................			62
Dunkerque à la frontière............................			12
	Total des chemins concédés................		16,854
Chemins décrétés et déclarés d'utilité publique...........			1,427
	Longueur totale des chemins concédés ou décrétés d'utilité publique...........		18,291

TABLE CHRONOLOGIQUE

DES ACTES LÉGISLATIFS OU RÉGLEMENTAIRES MENTIONNÉS DANS LE RÉPERTOIRE

DE LA LÉGISLATION DES CHEMINS DE FER.

Pages.

1830.

1831.

1832.

1833.

1834.

1835.

1836.

Pages.

1840.

1841.

1842.

1843.

1844.

1845.

1846.

1847.

1848.

1849.

1852.

1853.

1854.

1855.

1856.

1857.

1860.

Pages.

1861.

1862.